U0506453

# 首陽吉金疏證

羅新慧 主編

上海古籍出版社

**圖書在版編目(CIP)數據**

首陽吉金疏證 / 羅新慧主編. —上海：上海古籍
出版社，2019.4
ISBN 978-7-5325-9160-2

Ⅰ.①首… Ⅱ.①羅… Ⅲ.①青銅器(考古)—研究—
中國 Ⅳ.①K876.414

中國版本圖書館 CIP 數據核字(2019)第 050409 號

**首陽吉金疏證**

羅新慧 主編
上海古籍出版社出版發行
(上海瑞金二路 272 號 郵政編碼 200020)
(1) 網址：www.guji.com.cn
(2) E-mail：guji1@guji.com.cn
(3) 易文網網址：www.ewen.co
常熟新驊印刷有限公司印刷
開本 700×970 1/16 印張 12 插頁 5 字數 175,000
2019 年 4 月第 1 版 2019 年 4 月第 1 次印刷
印數：1—2,100
ISBN 978-7-5325-9160-2
K・2618 定價：68.00 元
如有質量問題,請與承印公司聯繫

# 出版説明

　　"首陽吉金"是美籍華人范季融、胡盈瑩長期搜求的流落海外的商周青銅器。其精品甚夥，一經公佈，反響强烈，成爲學術界研究商周金文和歷史的一個熱點。以"首陽吉金"爲中心的學術會議多次召開，相關學術論文大量湧現。《首陽吉金疏證》正是綜合研究"首陽吉金"的總結性著作。

　　是書内容豐富，體例新穎，資料詳實，器物信息齊備，對每件器銘都進行了深入的文字學考證與歷史學研究，其中不乏精彩的論述。編者盡力搜集海内外學術界相關研究成果，參考文獻達三百篇，對研究商周歷史、古文字學、文獻學等有重要的學術價值。

　　是書原收入晁福林先生主編之"商周文明探索叢書"中，由上海古籍出版社於 2016 年 3 月出版。出版以後，很快售罄。特此徵得主編羅新慧教授同意，出版精裝單行本，以饗讀者。

上海古籍出版社

2019 年 1 月

# 目　録

# 1.  父 乙 觶

《首陽吉金》第 12 器(第 45 頁),商代晚期(公元前 13 世紀—前 11 世紀)

圖一  父乙觶　　圖二  父乙觶銘文

【釋文】

父乙

## 【集釋】

1. ,《首陽吉金》未隸定,吳鎮烽《商周青銅器銘文暨圖像集成》①(器號 10306)將其隸定爲"攴"。按,細審拓片,此字左半部似爲一手持杖形,右半部所從之形,突出其首,似與 字形更爲接近,後者在甲骨文中,一般隸定爲"邑"。但是由字形整體來判斷,此字右半部所從應當是跪踞狀之人形。古文字中,跪踞狀之人一般省寫爲 形,隸定爲"卩"。有卩爵,字形作 (《殷周金文集成》7359)②。甲骨文中,有字形作 ,象一手持杖從背後擊跪踞狀之人形,學者一般將其隸定爲殳或攴。柯昌濟説:"字余疑爲妃字,字當从殳从巳。"因此,將 隸定爲如或較爲合適。

由辭例判斷,"如"應爲族氏符號。這一族氏符號目前尚屬首見。與此相類似的字形,在銅器銘文中,商代晚期有一件觚,銘文爲 (《集成》6576),《銘文暨圖像集成》(器號 8941)將其隸定爲"伐"。同爲商代晚期的伐燕卣(《新收殷周青銅器銘文暨器影彙編》③113,138 重出)中字形作 ④,均爲一手持杖擊打人形,只是人面向背不同。

2. 父乙:父爲親稱,乙爲日名。商代先公先王自上甲開始,都以甲、乙、丙、丁、戊、己、庚、辛、壬、癸十天干爲稱。據文獻記載,商人有用日名的傳統。金文資料表明,周人也有使用日名的情況。關於日名的内涵,自古以來便存在着不同的説法,如:1. 生日説。《〈史記·殷本紀〉索隱》記載"皇甫謐云'微字上甲,其母以甲日生故也。商家生子以日爲名,蓋自微

---

① 吳鎮烽:《商周青銅器銘文暨圖像集成》,上海古籍出版社 2012 年版,以下簡稱《銘文暨圖像集成》。

② 中國社會科學院考古研究所:《殷周金文集成》,中華書局 2007 年。以下簡稱《集成》。

③ 鍾柏生、陳昭容、黃銘崇、袁國華編:《新收殷周青銅器銘文暨器影彙編》,臺北藝文印書館,2006 年。以下簡稱《新收》。

④ 有人解釋此字爲爰,但爰一般作兩手上下持一棍狀 ,與該銘文中字形稍異。

始'",《白虎通義·姓名》"殷家質,故直以生日名子也"。均認爲日名是以生日命名,並且是商人通例。2. 廟號説。《〈史記·殷本紀〉索隱》引譙周語"夏殷之禮,生稱王,死稱廟主"。吕大臨《考古圖》卷四著録"商兄癸彝"時也説"商人質無諡,皆以甲乙記之"。3. 祭名説。王國維指出"殷之祭先,率以其所名之日祭之,祭名甲者用甲日,祭名乙者用乙日,此卜辭之通例也"。有關祭日的來源,王國維認爲"以甲日生者祭以甲日……以乙日生者祭以乙日"。4. 死日説。董作賓認爲"甲乙不是生前的名字,只是死後神主之名,當然以死日忌日爲神主之名、祭祀之日,最爲合理"。5. 次序説。清人吴榮光以爲"(日名)甲乙丙丁猶一二三四,質言之如後世稱排行爾",陳夢家則認爲"卜辭中的廟號……乃是致祭的次序;而此次序是依了世次、長幼、及位先後、死亡先後,順着天干排下去的。凡未及王位的,與及位者無別"。6. 卜選説。李學勤認爲殷人日名是死後占卜選定的。7. 廟主分類説。張光直認爲商王室由兩大親群輪流執政,表現在廟號系統上即分爲兩組。

　　"父乙"是日名親屬稱謂,表明此器是爲父輩日名爲乙者製作的祭器。

## 【參考文獻】

　　1. 王國維:《殷人以日爲名之所由來》,《王國維遺書》第9册,上海書店1983年版。

　　2. 董作賓:《論商人以十日爲名》,《大陸雜誌》第2卷第3期,1951年。

　　3. 陳夢家:《殷墟卜辭綜述》,中華書局1988年版。

　　4. 李學勤:《評陳夢家〈殷墟卜辭綜述〉》,《考古學報》1957年第3期。

　　5. 張光直:《商王廟號新考》,《中國青銅時代》,三聯書店1983年版。

　　6. 張富祥:《商王名號與上古日名制研究》,《歷史研究》2005年第2期。

　　7. 柯昌濟:《殷墟卜辭綜類例證考釋》,《古文字研究》第十六輯,中華書局1989年版。

# 2. 箙榮鼎

《首陽吉金》第 15 器（第 54 頁），商代晚期（公元前 13 世紀—前 11 世紀）

圖一　箙榮鼎

圖二　箙榮鼎銘文

**【釋文】**

　　萄（箙）焚（榮）

**【集釋】**

　　1. 萄（箙）：《説文》"箙，弩矢箙也。从竹，服聲。《周禮》'仲秋獻矢箙'"。段玉裁引《周禮·夏官·司馬》注云："箙，盛矢器也。"此處用爲族徽。

箙字在甲骨文中即已出現,字形作 ▨、▨ ,甲骨文中有占問"箙受年"的卜辭(《甲骨文合集》9741 正)①,也有"多箙"之稱,"貞勿共多箙"(《合集》5802)、"……[共]多箙"(《合集》5803)、"多箙"(《合集》5804),可見"箙"族應該在殷商時便已存在,並且可能較爲繁盛,已經有了若干分支。

箙在金文中字形一般作 ▨、▨ ,方濬益認爲此字从 ▨ 从 ▨ ,象矢在箙中之形。沈文倬指出此字在彝銘中變形作 ▨ ,後來在小篆中再變作 ▨ ,隸定爲葍,字形變化的結果使此字逐漸由矢箙的專用詞抽象爲器物之通名。

箙,作爲族徽符號,金文中所見,有以下幾種情況:一,"箙"單獨出現。如葍鼎(《集成》1215、1216、1217)、葍父乙鼎(《集成》1539)、葍父庚鼎(《集成》1625)、葍盂(《新收》11934)、葍爵(《集成》7635)等;二,稱爲"某箙",爲複合族氏名。如 ▨ 作父丁鼎"戈葍(箙)"(《集成》2319)、眡子弓葍卣"弓葍(箙)"(《集成》5142)、羊葍鼎"羊葍(箙)"(《新收》161)、五葍爵"五葍(箙)"(《集成》8240)、卒葍爵"卒葍(箙)"(《集成》8242)等;三,稱爲"箙某"。如葍(箙)貝卣"葍(箙)貝"(《集成》4882)、◇葍睪方觚"葍(箙)睪"(《集成》7188)、葍 ▨ 爵"葍(箙) ▨ "(《集成》8140)、葍 ▨ 爵"葍(箙) ▨ "②(《集成》8241)、葍參父乙盂"葍參(箙參)"(《集成》9370)等。

2. 焂(榮):作器者之名。

## 【附録】

一、箙器列表

---

① 郭沫若主編:《甲骨文合集》,中華書局 1978—1983 年。以下簡稱《合集》。
② ▨ 字不識,或釋侁。

| 器名 | 時代 | 著　　錄 | 現　藏 | 備　注 |
|---|---|---|---|---|
| 箙鼎 | 商代晚期 | 《燕園聚珍》① | 北京大學賽克勒考古與藝術博物館 | 内底鑄銘文1字。 |
| 箙鼎 | 商代晚期 | 《鄴三》上②16,《綜覽》③鼎54,《集成》1217 | 同上 | 傳出安陽,内壁鑄銘文1字。 |
| 箙鼎 | 商代晚期 | 《鄴三上》15,《綜覽》扁足鼎12,《集成》1216 | 德國斯圖加特林登博物館 | 傳出安陽,内壁鑄銘文1字。 |
| 箙鼎 | 商代晚期 | 《録遺》④31,《集成》01215,《總集》⑤124 | 北京故宮博物院 | 内壁鑄銘文1字。 |
| 羊箙鼎 | 商代晚期 | 《銅全》⑥2.23,《安陽市梯家口村殷墓的發掘》⑦,《新收》161,《近出》⑧219 | 安陽市文物考古研究所 | 内壁鑄銘文2字。 |
| 箙父乙鼎 | 商代晚期 | 《美集録》⑨R53、A39,《彙編》⑩1578,《集成》1539,《總集》0357,《綜覽》鬲鼎73,《三代補》⑪53, | 瑞士蘇黎世瑞列堡博物館(《彙編》) | 内壁鑄銘文3字。 |

① 北京大學考古系編:《燕園聚珍——北京大學賽克勒考古與藝術博物館展品選粹》,文物出版社1992年版。簡稱《燕園聚珍》。

② 黄濬:《鄴中片羽三集》上册,1942年,簡稱《鄴三》上。

③ (日)林巳奈夫:《殷周時代青銅器之研究·殷周青銅器綜覽》,東京吉川弘文館1984年版,簡稱《綜覽》。

④ 于省吾:《商周金文録遺》,科學出版社1957年版。簡稱《録遺》。

⑤ 嚴一萍:《金文總集》,臺北藝文印書館1983年版。簡稱《總集》。

⑥ 中國青銅器全集編委會:《中國青銅器全集》,文物出版社1996年版。簡稱《銅全》。

⑦ 安陽市文物工作隊、安陽市博物館:《安陽市梯家口村殷墓的發掘》,《華夏考古》1992年第1期。

⑧ 劉雨、盧岩:《近出殷周金文集録》,中華書局2002年版。簡稱《近出》。

⑨ 陳夢家:《美帝國主義劫掠的我國殷周青銅器集録》,科學出版社1962年版。簡稱《美集録》。

⑩ (澳)巴納、張光裕:《中日歐美澳紐所見所拓所摹金文彙編》,臺北藝文印書館1978年版。簡稱《彙編》。

⑪ 周法高:《三代吉金文存補》,臺聯國風出版社1980年版。簡稱《三代補》。

| 器名 | 時代 | 著　錄 | 現　藏 | 備　注 |
|---|---|---|---|---|
| 簸父庚鼎 | 商代晚期 | 《三代》①2. 26. 5,《西清》②1. 12,《續殷》③上15.5,《澳銅選》④圖1,《彙編》1579,《集成》1625,《總集》0404,《國史金》⑤1960 | 澳大利亞墨爾本買亞氏（《彙編》） | 內壁鑄銘文3字。 |

二、金文中所見"簸"字族徽

| 器物 | 年代 | 出土地點 | 資料出處 | 備　注 |
|---|---|---|---|---|
| 斝 | 殷 | 傳出安陽 | 《集成》9142 | |
| 鼎 | 殷 | 傳出安陽 | 《集成》1216　1217 | |
| 鼎 | 殷 | | 《集成》1215　1539　1625 | |
| 盤 | 殷 | | 《集成》10012 | |
| 爵 | 殷 | | 《集成》7635　7636 | |
| 觶 | 殷 | | 《集成》6052 | |
| 卣 | 殷 | | 《集成》4780　4781 | 4780器蓋同銘 |
| 簋 | 殷 | | 《集成》3157 | |
| 尊 | 殷 | | 《集成》5464 | |
| 戈 | 殷 | 安陽 | 《集成》10728 | 內兩面同銘 |

---

① 羅振玉:《三代吉金文存》,中華書局1983年版。簡稱《三代》。

② 梁詩正等:《西清古鑑》,大通書局1983年版。簡稱《西清》。

③ 王辰:《續殷文存》,大業印刷局1935年版。簡稱《續殷》。

④ 張光裕:《澳大利亞見中國銅器選》,《屈萬里先生七秩榮慶論文集》,聯經出版社1978年版。簡稱《澳銅選》。

⑤ 王獻唐:《國史金石志稿》,青島出版社2004年版。簡稱《國史金》。

**【參考文獻】**

1. 陳英傑:《讀〈首陽吉金〉札記》,《文字與文獻研究叢稿》,社會科學文獻出版社 2011 年版。

2. 沈文倬:《説簠》,《浙江大學學報》2006 年第 3 期。

3. 何景成:《商周青銅器族氏銘文研究》,齊魯書社 2009 年版。

# 3. 舌　　簋

《首陽吉金》第 16 器(第 57 頁),商代晚期(公元前 13 世紀—前 11
世紀)

圖一　舌簋　　　　　　　　圖二　舌簋銘文

**【釋文】**

舌

**【集釋】**

1. 舌:《説文》"在口,所以言也,别味也。从干,从口,干亦聲",徐鍇
曰"凡物入口必干於舌,故从干"。甲骨文舌字作&#x2bd;、&#x2bd;、&#x2bd;等形。于省
吾指出,舌字有點,象齧物之殘靡。此處之舌爲族名。

## 【説明】

　　《首陽吉金》指出：“傳世的‘舌’器較多，據傳多出於河南安陽附近。由此推斷，舌族的族居地應在殷墟地區。”

　　有關舌族，甲骨文中有不少記載，晚商時期的青銅彝銘中更爲常見，足見舌族是殷商時期的大族。最早集中發現舌銘銅器始於 1933 年，出土於安陽後岡西薛家莊一座被盜的殷墓。學者注意到其與甲骨卜辭中氏族“舌”的聯繫，董作賓著文《王孫舌考》，介紹了這批銅器，並指出舌是商王嫡孫。此後，隨着大量族氏銘文的出現，學者們普遍認爲舌是族名。

　　舌銘銅器，除了在安陽薛家莊發現外，還集中出土於鄭州、滎陽地區。1974 年鄭州博物館徵集過一件銅鏡；1993 年鄭州博物館又從市區西北郊的黄河大觀項目籌建處徵集一批舌銘銅器；近年在河南滎陽市廣武鎮小胡村晚商墓地中亦發現了一批舌銘銅器，該地位於鄭州西北方向，距離鄭州不遠。關於舌族的居住地，根據有確切出土地點的舌器推測，當在今安陽、鄭州、滎陽一帶，舌族在殷商時期與商王室有十分密切的關係。1999 年至 2000 年間，考古工作者在鄭州市區西北郊的洼劉遺址發掘了一批西周早期墓葬。墓葬所出青銅器中有一組陡器，包括陡卣、陡尊，銘文多作“陡作父丁寶尊彝”，此類青銅器或許亦與殷商時期的舌族有關。

　　由青銅銘文看，舌族與其他殷周大族亦有關聯。1993 年鄭州黄河大觀出土舌韋亞爵，2003 年河南滎陽小胡村出土亞韋舌爵，學者認爲兩族當有關聯。

## 【附録】

　　一、舌族相關器

| 晚　商　時　器 | | | | |
|---|---|---|---|---|
| 出土地 | 器　名 | 著　錄 | 銘文拓片 | 現　藏 |
| 河<br>南<br>安<br>陽① | 舌鼎 | 《集成》1220；《總集》70 | | 美國堪薩斯市納爾遜美術陳列館 |
| | 舌父已簋 | 《河南吉金圖志賸稿》②10；《集成》3197；《總集》1957 | | 中國文字博物館（據湯威文，1952年曾由浙江省博物館接收） |
| | 毛田舌卣（男舌卣） | 《賸稿》41；《集成》5019；《總集》3281 | <br>器蓋同銘，陽文 | |
| | 舌觚 | 《王孫舌考》 | <br>底外陽文 | |
| | 舌爵 | 《賸稿》41；《集成》7501；《總集》3281 | | 北京故宮博物院 |
| | 毛田舌斝（男舌斝） | 《賸稿》44；《集成》9227；《總集》4321； | <br>有剝蝕，字多殘損 | 浙江省博物館 |

① 1933年安陽殷墟薛家莊殷墓被盜，後繳獲銅器十二件，其中五件有銘文"舌"，當時保存在安陽古物保存會。董作賓所見該墓舌器共11件；湯威推測該墓出土的舌銘銅器至少15件。

② 孫海波輯：《河南吉金圖志賸稿》，大業印刷局1939年。以下簡稱《賸稿》。

續　表

| 晚　商　時　器 | | | | |
|---|---|---|---|---|
| 出土地 | 器　名 | 著　　錄 | 銘文拓片 | 現　藏 |
| 傳出河南安陽 | 舌鼎 | 《集成》1221;《總集》69 | | |
| | 舌卣 | 《集成》4767;《總集》5039 | | 美國烏士特美術博物館 |
| | 舌卣 | 《集成》4768 | 器蓋同銘 | 日本東京根津美術館 |
| | 舌曾戊觚 | 《集成》7161;《總集》5987 | | |
| | 舌亞韋爵（舊稱告亞韋爵） | 《集成》8788 | | 北京故宮博物院 |
| 河南鄭州① | 舌鐃 | 《鄭州出土舌銘銅器考》②;《銘文暨圖像集成》15878 | | 河南鄭州博物館,館藏號1644 |
| | 舌鼎 | 《鄭州出土舌銘銅器考》;《銘文暨圖像集成》161 | | 河南鄭州博物館,館藏號5993 |
| | 舌爵 | 《鄭州出土舌銘銅器考》;《銘文暨圖像集成》6480 | | 河南鄭州博物館,館藏號5995 |

---

　　① 1974 年,鄭州博物館徵集所得舌鐃;1993 年 1 月 3 日鄭州博物館從市區西北郊的黄河大觀項目籌建處徵集的一批銅器,包括所列舌鼎、舌爵、舌韋亞爵、韋舌爵、舌戈。

　　② 湯威:《鄭州出土舌銘銅器考》,《中國國家博物館館刊》2011 年第 10 期。

| 晚　商　時　器 | | | | |
|---|---|---|---|---|
| 出土地 | 器　名 | 著　錄 | 銘文拓片 | 現　藏 |
| 河南鄭州 | 舌韋亞爵 | 《鄭州出土舌銘銅器考》;《銘文暨圖像集成》8022 | | 河南鄭州博物館，館藏號5996 |
| | 韋舌爵 | 《鄭州出土舌銘銅器考》;《銘文暨圖像集成》7423 | | 河南鄭州博物館，館藏號6002 |
| | 舌戈 | 《鄭州出土舌銘銅器考》;《銘文暨圖像集成》16137 | 內兩面對銘 | 河南鄭州博物館，館藏號5997 |
| 河南滎陽市小胡村① | 銅蓋鼎(四足卣,M28：4) | 《河南滎陽胡村發現晚商貴族墓地》② | 銘文"舌" | |
| | 舌爵(M30;5) | | 銘文"舌" | |
| | 亞韋舌爵(M22：7) | | 銘文"亞韋舌"③ | |
| | 舌戈 | 《銘文暨圖像集成》16138 | | 私人收藏 |
| 出土地不明 | 舌鐃 | 《集成》376 | | 美國舊金山岡普氏 |

---

① 2006年7月,鄭州西北滎陽市廣武鎮小胡村晚商墓地發現一批舌銘銅器(被盜掘),正式報告尚未公佈。目前據發掘者披露,其中青銅鼎、卣、觚、爵、戈等20多件器物上出現"舌"銘。

② 《河南滎陽胡村發現晚商貴族墓地》,《中國文物報》2007年1月5日。

③ 據介紹,其與1993年鄭州黃河大觀出土的舌韋亞爵在形制、銘文、字形上基本一致。

| 出土地 | 器　名 | 著　　録 | 銘文拓片 | 現　藏 |
|---|---|---|---|---|
| 晚　商　時　器 | | | | |
| 出土地不明 | 舌鼎 | 《近出》176 | | 私人收藏(1984年12月出現在英國倫敦富士比拍賣行) |
| | 舌鼎 | 《銘文暨圖像集成》158① | | 私人收藏 |
| | 舌鼎 | 《銘文暨圖像集成》162② | | 瑞士玫茵堂 |
| | 舌鼎 | 《首陽吉金》第59頁；《銘文暨圖像集成》157 | | 首陽齋 |
| | 舌父己鼎 | 《集成》1616；《總集》397 | | |
| | 舌臣鼎 | 《集成》1959 | | 故宮博物院 |
| | 舌簋 | 《首陽吉金》第57頁 | | 首陽齋 |
| | 舌觶 | 《集成》6033 | | 中國國家博物館 |

---

① 《銘文暨圖像集成》引自《崇源國際拍賣會·中國古董》(2006年)33。
② 《銘文暨圖像集成》引自《玫茵堂藏中國銅器》73。

| 晚　商　時　器 | | | | |
|---|---|---|---|---|
| 出土地 | 器　名 | 著　録 | 銘文拓片 | 現　藏 |
| 出土地不明 | 舌父丁觶 | 《集成》6260;《總集》6460 | 器蓋同銘 | 北京故宮博物院 |
| | 舌觚 | 《集成》6644;《總集》5905 | | |
| | 舌觚 | 《集成》6580;《總集》5903 | | |
| | 舌觚 | 《集成》6581;《總集》5904 | | |
| | 父舌觚 | 《新收》1849 | | 德國科隆東亞藝術博物館 |
| | 舌父己觚 | 《集成》7132;《總集》6151 | | |
| | 舌爵 | 《集成》7502 | | |
| | 舌爵 | 《集成》7503;《總集》3279 | | |
| | 舌爵 | 《集成》7504;《總集》3280 | | |

| 晚　商　時　器 | | | | |
|---|---|---|---|---|
| 出土地 | 器　名 | 著　錄 | 銘文拓片 | 現　藏 |
| 出土地地不明 | 舌父己爵 | 《集成》8552;《總集》3878 | | 上海博物館 |
| | 舌父己爵 | 《新鄉館藏殷周銅器銘文選》①;《集成》8553 | | 新鄉市博物館 |
| | ◇觥舌盤 | 《集成》10035 | | |
| 西　周　早　期　器 | | | | |
| 河南鶴壁市辛村② | 舌父乙尊 | 《鶴壁市辛村出土四件西周青銅器》③;《集成》5616 | | 河南鶴壁市博物館 |
| 河南鄭州市洼劉村④ | 陥卣(M1.7) | 《鄭州市洼劉村西周早期墓葬(ZGW99M1)發掘簡報》⑤;《新收》594 | 器蓋同銘:陥作父丁寶尊彝。 | 河南鄭州博物館 |

①　唐愛華:《新鄉館藏殷周銅器銘文選》,《中原文物》1985 年第 1 期。
②　1984 年 10 月河南鶴壁市鹿樓鄉辛村(今屬淇濱區龐村鎮)出土。
③　王文強:《鶴壁市辛村出土四件西周青銅器》,《中原文物》1986 年第 1 期。
④　1999 年 10 月至 2004 年 4 月,鄭州市區西北洼劉遺址出土。
⑤　鄭州市文物考古研究所:《鄭州市洼劉村西周早期墓葬(ZGW99M1)發掘簡報》,《文物》2001 年第 6 期。

| 西　周　早　期　器 | | | | |
|---|---|---|---|---|
| 出土地 | 器　名 | 著　　録 | 銘文拓片 | 現　　藏 |
| 河南鄭州市洼劉村 | 陆卣(M1.8) | 《鄭州市洼劉村西周早期墓葬(ZGW99M1)發掘簡報》;《新收》595 | 蓋銘：陆作父丁寶尊彝。器銘：作寶尊彝。 | 河南鄭州博物館 |
| | 陆尊(M1.10) | 《鄭州市洼劉村西周早期墓葬(ZGW99M1)發掘簡報》;《新收》597 | 陆作父丁寶尊彝。 | 河南鄭州博物館 |
| 出土地不明 | 舌爵 | 《集成》8978;《總集》4121 | 舌作妣丁。 | 北京故宮博物院 |
| | 舌爵 | 《集成》8979;《總集》4120 | 舌作妣丁。 | |
| 西　周　中　期　器 | | | | |
| | 舌仲觶 | 《集成》6494(摹本) | 舌中(仲)作父丁寶尊彝。 | 英國倫敦大英博物館 |

此外,張光裕著文記錄其他私家藏器包括:

舌大口尊(臺北樂從堂藏,未著録)

舌扁足鼎(臺北樂從堂藏,未著録)

舌斝(臺北樂從堂藏,未著録)

舌觚一(鏤空)(香港私家收藏,未著録)

舌觚二(私家收藏,未著録)

舌爵一(臺北樂從堂藏,未著録)

舌爵二(日本不言堂藏,《中國青銅器清賞》12)

舌爵三(私家收藏,未著録)

亞韋舌爵一(私家收藏,未著録)

舌戈一(私家收藏,未著録)

舌戈二(私家收藏,未著録)

舌戈三(私家收藏,未著録)

舌戈四(私家收藏,未著録)

舌戈五(私家收藏,未著録)

舌戈六(私家收藏,未著録)

舌戈七(私家收藏,未著録)

舌戈八(私家收藏,未著録)

舌青銅鏟(私家收藏,未著録)

【參考文獻】

1. 張光裕:《讀首陽齋藏〈舌簋〉小記》(草稿),"二十年來新見古代中國青銅器國際學術研討會:首陽齋藏器及其它"會議(美國芝加哥大學·2010.11)。

2. 于省吾:《釋舌》,《雙劍誃殷契駢枝續編》,中華書局 2009 年版。

3. 董作賓:《王孫舌考》,《董作賓先生全集》甲編,藝文印書館 1977年版。

4. 唐愛華:《新鄉館藏殷周銅器銘文選》,《中原文物》1985 年第1 期。

5. 王文强：《鶴壁市辛村出土四件西周青銅器》，《中原文物》1986 年第 1 期。

6. 鄭州市文物考古研究所：《鄭州洼劉西周貴族墓出土青銅器》，《中原文物》2001 年第 2 期。

7. 鄭州市文物考古研究所：《鄭州市洼劉村西周早期墓葬(ZGW99M1)發掘簡報》，《文物》2001 年第 6 期。

8. 賈連敏、曾曉敏、梁法偉、于宏偉：《河南滎陽胡村發現晚商貴族墓地》，《中國文物報》2007 年 1 月 5 日。

9. 賈連敏、曾曉敏、于宏偉等：《河南滎陽小胡村晚商貴族墓地》，《2006 年中國重要考古發現》，文物出版社 2007 年版。

10. 張軍濤、席奇峰：《殷商舌族考》，《三峽大學學報》2008 年第 12 期。

11. 苗利娟：《商代舌族地理蠡測》，《中國歷史文物》2010 年第 2 期。

12. 湯威：《舌族探微：1933 年安陽薛家莊殷墓稽考》，《中原文物》2011 年第 3 期。

13. 湯威：《鄭州出土舌銘銅器考》，《中國國家博物館館刊》2011 年第 10 期。

# 4. 子麻父丁豆

《首陽吉金》第17器(第60頁),商代晚期(公元前13世紀—前11世紀)

圖一　子麻父丁豆

圖二　子麻父丁豆銘文

【釋文】

　　子麻父丁

【集釋】

　　1. 子麻:傳世的子麻器較多,如暑作父乙尊"暑作父乙旅尊彝,子麻"(《集成》5920),魁尊"魁作祖乙寶彝,子麻"(《集成》5891),子麻圖方彝"子齎圖"(《集成》9870)。一般認爲"子齎"爲族氏名。

2. 父丁：父爲親稱，丁爲日名。此器是爲父丁所做祭器。

3. 豆：兩周時期所使用的食器，用以盛放肉醬等。

**【附録】**

一、《西清古鑑》中所見子齎父丁卣

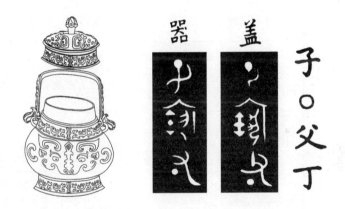

二、有關著録中所見子齎器

| 器　　名 | 時　　代 | 出土地或收藏地 | 著　　録 | 銘　文 |
|---|---|---|---|---|
| 子齎尊 | 商代晚期 |  | 《集成》5544 | 子齎。 |
| 子齎圖卣 | 商代晚期 | 上海博物館 | 《集成》5005 | 子齎圖。 |
| 子齎圖尊 | 商代晚期 | 北京故宮博物院 | 《集成》5682 | 子齎圖。 |
| 子齎圖方彝 | 商代晚期 | 臺北故宮博物院 | 《集成》9870 | 子齎圖。 |
| 子齎父辛觚 | 商代晚期 |  | 《銘文暨圖像集成》9762 | 子齎父辛 |
| 子齎鼎 | 商代晚期或西周早期 |  | 《集成》1310 | 子齎。 |

| 器　名 | 時　代 | 出土地或收藏地 | 著　録 | 銘　文 |
|---|---|---|---|---|
| 子𪩘鼎 | 西周早期前段 | | 《銘文暨圖像集成》479 | 子𪩘。 |
| 子𪩘父丁鼎(2件) | 西周早期前段 | | 《一批子𪩘銅器在澳門面世》① | 子𪩘父丁。 |
| 子𪩘父丁簋 | 西周早期前段 | | 《一批子𪩘銅器在澳門面世》 | 子𪩘父丁。 |
| 子𪩘父丁卣 | 西周早期前段 | | 《集成》5070 | 子𪩘父丁。(器蓋同銘) |
| 子𪩘父乙觶 | 西周早期前段 | 臺北故宮博物院 | 《集成》6373 | 子𪩘父乙。 |
| 子𪩘父乙角(2件) | 西周早期前段 | | 《一批子𪩘銅器在澳門面世》 | 亞車,子𪩘子𪩘父乙。 |
| 宎男鼎 | 西周早期前段 | 傳山西出土 | 《銘文暨圖像集成》1897 | 宎男作父丁寶尊彝,子𪩘。 |
| 宎男𪛗鼎 | 西周早期前段 | | 《銘文暨圖像集成》1898 | 宎男𪛗作父丁寶尊彝,子𪩘。 |
| 宎邑司鼎 | 西周早期前段 | 傳山西出土 | 《銘文暨圖像集成》1930 | 宎邑司作父丁寶尊彝,子𪩘。 |
| 罟卣 | 西周早期 | 日本神户白鶴美術館 | 《集成》5329 | 罟作父乙旅尊彝,子𪩘。 |
| 罟尊(原名單尊) | 西周早期 | | 《集成》5920 | 罟作父乙旅尊彝,子𪩘。 |

----

　　①　吳鎮烽:《一批子𪩘銅器在澳門面世》,《收藏界》2006 年第 6 期。

| 器　名 | 時　代 | 出土地或收藏地 | 著　錄 | 銘　文 |
|---|---|---|---|---|
| 魁尊 | 西周早期後段 | | 《集成》5891 | 魁作祖乙寶彝,子廁。 |

**【參考文獻】**

1. 吳鎮烽:《一批子廁銅器在澳門面世》,《收藏界》2006 年第 6 期。

# 5. 瞿册盤

《首陽吉金》第18器（第62頁），商代晚期（公元前13世紀—前11世紀）

圖一　瞿册盤

圖二　瞿册盤銘文

【釋文】
　　瞿册

【集釋】
　　1. 瞿册：《三代吉金文存》釋爲"眲獸册册"，《殷周金文集成》釋爲"瞿册"。《説文》"眲，左右視也。从二目。凡眲之屬皆从眲。讀若拘，又若'良士瞿瞿'"。瞿當爲族名。與瞿有關的青銅器，或單稱瞿，或稱瞿册。周亞通過分析瞿組器、瞿册組器、瞿册父丁組器、瞿册祖丁組器，認爲瞿族應該是商代就存在的一個氏族，瞿册組器分屬商代晚期和西周早期。根據見

024

諸記載的部分𓈓器的出土地點,𓈓族的活動區域或在洛陽一帶。册,商周金文中常見册附加於其他族名前後,作"某册"或"册某",如"允册"、"册融"等。由青銅銘文看,綴有"册"字的族氏,往往與"作册"一職有關,如作册大方鼎"公賞作册大白馬,大揚皇天尹大保休,用作祖丁寶尊彝。鼻册"(《集成》2758)、作册折尊"作册折旣望土于相侯……用作父乙尊,其永寶。木羊册"(《集成》6002)等,因此"册"或是作册之省稱。𓈓器中,𓈓與册常結合出現,占𓈓器中的絕大多數。若"册"即"作册",則作册一職是𓈓族的世職。亦有學者以爲册爲族徽文字。

## 【説明】

《首陽吉金》指出"這件𓈓册盤曾見於著録(林巳奈夫《殷周時代青銅器之研究·殷周青銅器綜覽一·圖版》盤33,吉川弘文館1984年版)"。

## 【附録】

一、見於著録的𓈓册諸器

| 器 名 | 時 代 | 銘文拓片 | 收藏者 | 備 注 | 著録 |
|---|---|---|---|---|---|
| 𓈓册鼎 | 商代晚期 | | 上海博物館 | 原藏劉體智 | 《集成》1373 |
| 𓈓册鼎 | 商代晚期 | | 北京故宮博物院 | | 《集成》1374 |
| 𓈓册鼎 | 商代晚期 | | 英國雅士莫里博物館 | 原藏英國 | 《集成》1375 |
| 𓈓册鼎 | 商代晚期 | | | 原藏劉體智 | 《集成》1376 |

續　表

| 器　名 | 時　代 | 銘文拓片 | 收藏者 | 備　注 | 著録 |
|---|---|---|---|---|---|
| 㠱册斝 | 商代晚期 | | 北京故宮博物院 | | 《集成》9199 |
| 㠱册尊 | 商代晚期 | | 上海博物館 | | 《集成》5573 |
| 㠱册卣 | 商代晚期 | | 美國舊金山亞洲美術陳列館（布倫戴奇藏品） | 傳出洛陽 | 《集成》4871 |
| 㠱册盤 | 商代晚期 | | 首陽齋 | | 《集成》10030 |
| 㠱册父丁鼎 | 商代晚期 | | | 原藏榮厚 | 《集成》1856 |
| 㠱册父丁爵 | 商代晚期 | | 英國格拉斯哥博物館美術館（巴萊爾氏藏品） | | 《歐遺》20①；《銘文暨圖像集成》8317 |
| 㠱册父丁觶 | 商代晚期 | | 北京故宮博物院 | | 《集成》6390 |

---

①　李學勤：《歐洲所藏中國青銅器遺珠》，文物出版社 1995 年版。簡稱《歐遺》。

| 器　名 | 時　代 | 銘文拓片 | 收藏者 | 備　注 | 著録 |
|---|---|---|---|---|---|
| 眔册父丁盉 | 商代晚期 | | 北京故宫博物院 | 眔册盉 | 《集成》9377 |
| 眔册父丁簋 | 商代晚期 | | 北京故宫博物院 | 傳出洛陽，又名室父丁簋 | 《集成》3604 |
| 眔父丁鼎 | 西周早期 | | 上海博物館 | 吳清漪捐獻 | 《集成》1600 |
| 眔册父丁簋 | 西周早期 | | 巴黎色努施奇博物館 | 原藏王懿榮、日本東京川合氏 | 《集成》3320 |
| 眔册祖丁卣 | 商代晚期 | | | | 《集成》5045 |
| 眔册祖丁卣 | 商代晚期 | | | | 《集成》5046 |
| 眔　爵 | 商代晚期 | | 上海博物館 | | 《集成》7500 |
| 眔　戈 | 商代晚期 | | 臺北"中央研究院"歷史語言研究所 | 1946年傅斯年等購自北京，入藏史語所 | 《集成》10678 |

**【參考文獻】**

1. 周亞：《蜀册諸器梳理》,《中國古代青銅器國際研討會論文集》,上海博物館、香港中文大學文物館 2010 年版。

2. 張懋鎔：《試論商周青銅器族徽文字獨特的表現形式》,《文物》2000 年第 2 期。

3. 嚴志斌：《複合氏名層級説之思考》,《中原文物》2002 年第 3 期。

# 6. 夷　爵

《首陽吉金》第 20 器(第 66 頁),西周早期(公元前 11 世紀)

圖一　夷爵　　　　　圖二　夷爵銘文

**【釋文】**

　　尸(夷)乍(作)

　　父癸寶

　　尊彝

**【集釋】**

　　1. 尸(夷):尸,《説文》"陳也。象卧之形"。《周禮・天官・冢宰》"凌人""大喪,共夷槃冰",鄭玄注"夷之言尸也","尸之槃曰夷槃,牀曰夷牀,衾曰夷衾"。金文中南淮夷、淮夷、東夷等"夷"均作"尸"。夷,《説文》"平也。从大从弓。東方之人也"。金文中有直接隸定爲"夷"字,如南宮柳鼎中之 (《集成》2805)。吳其昌指出夷、弟爲一字,而蠻夷之夷與尸爲一字。現在的尸意,《説文》中有"屍"與之對應,"屍,終主。从尸从死"。關於尸的字形,學者多不贊同《説文》象臥之釋,李孝定、張日昇認爲是高坐之形;李濟分析殷墟侯家莊出土的玉人象,與金文"尸"形象相同,同是膝蓋向上,腳板向下,據此認爲尸字反映的是殷代流行的蹲居形。

2. 父癸:父,親稱;癸,日名。商人有用日名的傳統,周人亦有用日名者,如山東高青陳莊豐卣"豐啟作厥祖甲齊公寶尊彝",①河南平頂山應公鼎"斌帝日丁"②等。此器是夷爲父癸所作祭器。

3. 尊彝:彝,青銅器常常被稱爲彝器。《説文》"彝,宗廟常器也"。《左傳》襄公十九年記載"且夫大伐小,取其所得以作彝器,銘其功烈,以示子孫",杜預注"彝,常也,謂鐘鼎爲宗廟之常器"。《左傳》昭公十五年"能薦彝器於王",杜預注"彝,常也,謂可常寶之器"。關於尊字之意,有學者讀爲宗,尊彝即宗彝,與宗族有關;唐蘭認爲凡稱爲尊的器,是指在行禮時放置在一定位置上的器;杜迺松指出,"彝"也爲盛酒器"方彝"的專名。清代學者把一種長方形帶蓋器物稱作方彝,而它一般自銘爲"寶尊彝"或"尊彝"。青銅器上常有"作尊"、"作寶尊"共名,因此"尊"字可作爲"器"字用。尊彝、寶彝強調了所作器物的尊貴或寶貴。

## 【説明】

《首陽吉金》指出:"傳世昭王時期的銅器作册睘卣、作册睘尊,以及

---

① 山東省文物考古研究所:《山東高青縣陳莊西周遺存發掘簡報》,《考古》2011年第2期,第7頁。

② 河南省文物考古所、平頂山市文物管理局:《河南平頂山應國墓地八號墓發掘簡報》,《華夏考古》2007年第1期,第45頁。

1981 年陝西扶風强家村 1 號墓出土的西周中期夷伯簋,銘文中均提到了
‘夷伯’。夷爵與夷伯簋當爲同一國族,即夷國族。”

西周早期作册睘卣銘文記載“唯十又九年,王在斥,王姜令作册睘安
尸(夷)伯,尸(夷)伯賓睘貝、布,揚王姜休,用作文考癸寶尊彝”(《集成》
5407),作册睘尊記“在斥,君令余作册睘安尸(夷)伯,尸(夷)伯賓用貝、
布,用作朕文考日癸旅寶,𠂤 ”(《集成》5989),夷伯簋銘文記“隹王正月初
吉,辰在壬寅,尸(夷)白(伯)尸(夷)于西宫,嗌貝十朋,敢對揚王休,用作
尹姞寶殷,子子孫孫永寶用”。①

關於夷族,見諸傳世文獻。《左傳》隱公元年“紀人伐夷,夷不告,故不
書”,杜預注“夷國在城陽莊武縣”,孔穎達正義曰“《世本》‘夷,妘姓’,傳無
其人,不知爲誰所滅”,楊伯峻注“夷,國名,妘姓……夷之蹤跡,實徧及中
國。此夷國之故城,即山東省即墨縣西六十一里壯武故城。古彝器有夷
伯簋,睘卣亦有‘夷伯’之稱,又有‘夷子’之稱,不知是何夷國之器”。《左
傳》桓公十六年“衛宣公烝於夷姜”,楊伯峻注“夷姜之夷或是國名……隱
元年紀人伐夷,亦姜姓,疑即此國”。前後説法不一。《左傳》莊公十六年
“晉武公伐夷,執夷詭諸”,楊伯峻注“夷,采地名,文六年傳晉蒐于夷,即此
地。今地闕。至隱元年傳‘紀人伐夷’之夷,則爲國名,與此非一”。《左傳》
閔公二年“閔公之死也,哀姜與知之,故孫于邾。齊人取而殺之于夷,以其
尸歸”,楊伯峻注“夷疑即隱元年傳‘紀人伐夷’之夷,杜注以爲魯地,誤”。
此外,《左傳》中又有夷地,如昭公三十年“遂城夷,使徐子處之”,昭公三十
一年“吳人侵楚,伐夷”,杜預注“夷,城父也”。楊樹達根據《左傳》“凡諸侯
之女……父母既没,則使卿寧于兄弟”,以爲夷伯爲王姜之兄弟,又據王姜
之稱,以爲夷爲姜姓。同時,他又指出《左傳》隱公元年之“紀人伐夷”之
夷,爲另一夷國,或爲妘姓。竹添光鴻《左氏會箋》則指出《左傳》中記有不
同之“夷”,“夷國,妘姓。《史記》云‘晏平仲嬰者,萊之夷維人也’,即此夷國
之地。漢置夷安縣,在今萊州府高密縣境,與即墨縣西之莊武相近,則夷
地後屬齊,非齊滅,即紀先滅之,後入于齊耳。王畿亦有夷,莊十六年晉伐

---

① 周原扶風文管所:《陝西扶風强家一號西周墓》,《文博》1987 年第 4 期。

夷,執夷詭諸,是也。陳亦有夷,僖二十二年楚伐陳取夷,昭九年遷許于夷是也"。陳夢家認爲作册裒卣之夷伯爲姜姓之夷,而守簋"王使小臣守事于夷,夷賓馬兩、金十鈞"(《集成》4180)中"夷"字从大从弓,疑是妘姓之夷,此夷即《左傳》中夷詭諸之夷。陳槃分析文獻所見之夷,認爲夷人口衆多,種類不一,姓亦非一,地望徧及東南西北,不只在王畿内。

首陽齋所收藏的這件青銅爵,是名尸(夷)之人爲其父癸所作祭器。夷,作爲人名,是否就是夷國族之人,尚待證明。陳英傑指出,夷爵之夷與夷國族聯繫的説法不可信,"尸(夷)"只是一個普通的人名。

尸(夷)同名異人器尚有:商晚期尸(夷)卣"尸(夷)作父己尊彝"(《集成》5280),此器有族徽"🔲",同人作器亦有尸壺(《集成》9576);西周早期尸(夷)爵"尸作父壬彝"①;西周中期尸(夷)鼎"🔲尸作父癸尊鼎,尸賜厥執亲妣,作寶鼎簋"②;西周晚期豐兮尸(夷)簋③;春秋晚期史尸(夷)簋(又名曾孫史夷簋,《集成》4591)等。

## 【參考文獻】

1. 陳英傑:《讀〈首陽吉金〉札記》,《文字與文獻研究叢稿》,社會科學文獻出版社 2011 年版。

2. 吳其昌:《金文名象疏證(續)》,《國立武漢大學文哲季刊》,第六卷第一號(1936 年)。

3. 周法高主編,張日昇、徐芷儀、林潔明編纂:《金文詁林》,第八册,1146,香港中文大學 1975 年版,第 5309—5310 頁。

4. 李濟:《跪坐蹲居與箕踞》,《歷史語言研究所集刊》第二十四本一册(1953 年)。

---

① 私人收藏,《銘文暨圖像集成》8481。
② 1986 年出土於陝西永壽縣,見吳鎮烽:《近年所見所拓兩周秦漢青銅器銘文》,《文博》2006 年第 3 期。原文隸定尸爲㑈,器名㑈鼎。《銘文暨圖像集成》2104 隸定爲尸鼎(執亲妣鼎)。
③ 豐兮夷簋,西周晚期器,共三件。《集成》4001、4002、4003,其銘文"豐兮尸(夷)作朕皇考尊殷,尸(夷)其萬年子子孫孫永寶用享孝"。

5. 唐蘭:《〈五省出土重要文物展覽圖録〉序》,《唐蘭先生金文論集》,紫禁城出版社 1995 年版。

6. 杜迺松:《金文中的鼎名簡釋——兼釋尊彝、宗彝、寶彝》,《考古與文物》1988 年第 4 期。

7. 楊樹達:《𦈕卣跋》,《積微居金文説》,上海古籍出版社 2007 年版,第 287—289 頁。

8. 陳夢家:《西周銅器斷代》,中華書局 2004 年版,第 61—62 頁。

9. 陳槃:《春秋大事表列國爵姓及存滅表譔異續編(一)》,《中研院歷史語言研究所集刊論文類編》(歷史編·先秦卷),中華書局 2009 年版,第 523—527 頁。

# 7. 南 姬 爵

《首陽吉金》第 21 器(第 68 頁),西周早期(公元前 11 世紀)

圖一　南姬爵

圖二　甲件的柱和鋬下鑄銘文

圖三　乙件的柱和鋬下鑄銘文

## 【釋文】

甲件：

　南姬

　公寶彝

乙件：

　南姬

　乍(作)公寶彝

## 【集釋】

1. 南姬：女子名，爲作器者。

關於南之族氏，張懋鎔據山東莒縣東前集出土的司馬南叔匜"司馬南叔作爲姬媵匜，子子孫孫永寶用享"（《集成》10241），以爲是司馬南叔爲女兒所作的媵器，姬當爲母家姓，因此南氏爲姬姓。韓巍認爲南氏爲南宮之省稱，[①]他據南宮倗姬器，指出倗爲媿姓，南宮倗姬爲出身於南宮氏的女子嫁於倗國，因而南宮爲姬姓。

___

[①]　西周晚期南宮乎鐘"司徒南宮乎作大林協鐘……先祖南公，亞祖公仲、必父之家"，據此，學者以爲南宮可省稱爲南。杜正勝、李學勤、朱鳳瀚等學者均指出，大盂鼎中"南公"之"南"爲南宮之省稱，南公可能就是周初重臣南宮括。見杜正勝：《周代封建制度的社會結構》，史語所集刊第50本，3分冊；李學勤：《大盂鼎新論》，《鄭州大學學報》1985年第3期；朱鳳瀚：《商周家族形態研究》（增訂本），天津古籍出版社2004年版，第339頁。

按,青銅銘文與傳世文獻中可見其他南氏,如西周中期南季鼎"伯俗父右南季,王賜……曰:用左右俗父司寇。南季拜稽首"(《集成》2781),此南季爲俗父之臣。傳世文獻中亦有南季,《左傳》隱公九年"天王使南季來聘",杜預注"南季,天子大夫也。南,氏;季,字也"。惠棟《穀梁古義》、孔廣森《公羊通義》均以南季爲文王子南(聃)季載之後。不知南季鼎中之南季與文王子南季載有無關聯。若南季爲文王子之後的説法成立,則南爲姬姓。又鄭樵《通志・氏族略》"以字爲氏"曰"南氏,姬姓。衛靈公之子公子郢,字子南,以字爲氏。或言周宣王南仲之後。又魯亦有南氏。又楚有子南氏,亦爲南氏。是皆以字爲氏者"。

此外,近年來所出葉家山 M111 簋銘文"曾候犺作烈考南公寶尊彝",[1]湖北隨縣文峰塔曾候與鐘銘文"王遣命南宫,營宅汭土,君此淮夷",[2]均涉及"南公",引起學者們關於曾之族姓的探討。

2. 乍(作)公寶彝:公,作器對象。銘文中一般格式爲"作某公器",説明具體作器對象,但也有單稱"公"的,如作公尊彝鼎"作公尊彝"(《集成》2181),作公尊"作公尊彝"(《集成》5842)。公爲尊稱,或爲宗族長。彝,《説文》"宗廟常器也",爲祭器之通稱。

此器是南姬爲公,很可能是夫家之先祖作祭器。也可能如陳英傑所説,爲具有宗族長身份的丈夫作器,但"公"不一定去世。

【説明】

關於南姬爵的年代,《首陽吉金》定爲西周早期。張懋鎔則將南姬爵與南姬盉比較,認爲"南姬盉屬於王世民等先生所分的第三型'鬲形三足盉',具體而言介乎 1 式的竹園溝盉與 2 式的長由盉之間……竹園溝盉的年代在成康之際,長由盉的年代在穆王時期,所以將南姬盉置於昭王前後

---

① 黃鳳春、胡剛:《説西周金文中的"南公"——兼論隨州葉家山西周曾國墓地的族屬》,《江漢考古》2014 年第 2 期。

② 湖北省文物考古研究所、隨州博物館:《隨州文峰塔 M1(曾候與墓)、M2 發掘簡報》,《江漢考古》2014 年第 4 期。

是比較合適的。其字形書體與南姬爵的銘文非常接近,所以它與南姬爵極可能是同人所作之器,製作的時間相同或相近"。此外,吳鎮烽將南姬盉定爲商晚期器(《銘文暨圖像集成》14685)。

青銅銘文中記載的南氏,大盂鼎"王曰:……命汝盂型乃嗣祖南公"(《集成》2837),西周中期南公有司替鼎"南公有司替作尊鼎,其萬年子子孫孫永寶用享于宗廟"(《集成》2631),西周晚期南宮乎鐘"司徒南宮乎作大林協鐘……先祖南公、亞祖公仲、必父之家"(《集成》181)等。西周中期南姞甗"南姞肇作厥皇辟伯氏寶鱻彝,用匄百福"①,此銘中之南姞,爲丈夫伯氏作祭器,如此南姞或是姞姓女子,嫁入南氏。② 但"南姞"爲南氏姞姓女子的可能性也存在,即南爲姞姓。

另,高明、涂白奎《古文字類編》"鬲"字條下有"南姬鬲",並注明是"周晚",但在該書《引器目錄》部分未見此鬲,其他金文工具書中也未曾見該器。

南姬鬲
周　晚

## 【參考文獻】

1. 張懋鎔:《首陽齋藏金兩議》,《中國古代青銅器國際研討會論文集》,上海博物館、香港中文大學文物館 2010 年版。

2. 陳英傑:《讀〈首陽吉金〉札記》,《文字與文獻研究叢稿》,社會科學文獻出版社 2011 年版。

3. 韓巍:《讀〈首陽吉金〉瑣記六則》,朱鳳瀚主編:《新出金文與西周歷史》,上海古籍出版社 2011 年版。

4. 高明、涂白奎:《古文字類編》(增訂本),上海古籍出版社 2008 年版,第 1388 頁。

---

① 吳鎮烽:《獄器銘文考釋》,《考古與文物》2006 年第 6 期。
② 李學勤先生認爲此南爲南姞夫國之姓,"南姞稱夫爲'皇辟',和晉姜鼎晉文侯夫人稱之爲'台辟'一例,則'南'是夫氏,'姞'是母姓"。見《伯獄青銅器與西周典祀》,《文物中的古文明》,商務印書館 2008 年版。

# 8. 夔觚 夔觶

夔觚,《首陽吉金》第 22 器(第 72 頁),西周早期(公元前 11 世紀)

圖一　夔觚　　　　　　圖二　夔觶

夔觶,《首陽吉金》第 23 器(第 74 頁),西周早期(公元前 11 世紀)

蓋銘　　　　　器銘

圖三　夔觚銘文　　　　圖四　夔觶銘文

## 【釋文】

𩵋觚：

𩵋乍(作)父癸
尊彝

𩵋觶：

隹(唯)伯初令(命)于
宗周史𩵋
易(賜)馬二匹用乍(作)
父癸寶尊彝

## 【集釋】

1. 𩵋：人名，作器者。字形由三部分組成，上部大，中間舛，下面鬲。鄭衆據許全勝説釋讀爲太顚二字，認爲此字上部的“大”通“太”，下部“鬲”可釋爲鼎，鼎與顚通。太顚爲周武王時期的重臣，《史記·周本紀》記載“武王弟叔振鐸奉陳常車，周公旦把大鉞，畢公把小鉞，以夾武王。散宜生、太顚、閎夭皆執劍以衛武王”。朱鳳瀚認爲𩵋或即从鬲，舛聲。舛即兩周乘字所从，𩵋或亦可讀作𩵋。李魯勝釋爲𩵋。

2. 父癸：𩵋之亡父。根據山東滕州莊里西滕國墓葬出土𩵋器分析，𩵋很可能爲殷遺民，其祖考以日干爲名。據吳鎮烽《金文人名彙編》統計，稱父某者在西周早期最爲常見，共計 120 次。這一稱呼方式沿襲商人習俗(父某或文父某)，至西周時期才開始稱亡父爲考。此器是𩵋爲已故的父癸所作的宗廟常器。

3. 尊彝：青銅器常常被稱爲彝器。《説文》“彝，宗廟常器也”，《左傳》襄公十九年記載“且夫大伐小，取其所得以作彝器，銘其功烈，以示子孫”，杜預注“彝，常也，謂鐘鼎爲宗廟之常器”。《左傳》昭公十五年“能薦彝器於王”，杜預注“彝，常也，謂可常寶之器”。王國維認爲尊、彝都是禮器的總名,所不同的是尊既可以作爲全部禮器的總名,也可以作爲壺、卣、罍的總稱,還可以作爲侈口酒器的專名;而彝則只能作爲共名而非專名。關於尊字之意,有學者讀爲宗,尊彝即宗彝,與宗族有關。也有人認爲尊是尊貴的意思,唐蘭認爲凡稱爲尊的器,是指在行禮時放置在一定位置上的器。陳英傑認爲"尊"當用爲"奠",《廣雅·釋言》"奠,薦也"。

4. 隹(唯)伯初令(命)于宗周:隹通唯,典籍作維、惟,爲句首語氣詞。

朱鳳瀚、韓巍、陳英傑根據鸞鼎"隹正月,辰在壬申。公令狩□□,鸞獲瓏豕,公賞鸞貝二朋。公□□□□□休,用作父癸寶尊彝"[1]以及鸞簋(首陽齋藏,見本書第51頁),認爲鸞觶中的"伯"就是鸞鼎、簋中的滕公。而關於伯之稱,朱鳳瀚認爲受命前尚未爲侯,故不稱公,而稱伯;韓巍觀點類似,以爲在受王命之前,只能按照個人排行稱"滕伯",在正式册命之後才能改稱"滕公";陳英傑認爲"伯"是宗子之稱,伯、公均爲宗子之稱;劉源也認爲伯具有世家大族的嫡長子、宗子地位。王峰、李魯滕認爲此處的"伯"或表示滕公在周王朝中擔任卿士,爲尊稱。據《左傳》隱公十一年記載,滕國先祖爲周王朝之"卜正",是内服王官,故稱伯,策命封賜後,稱公、侯。

按,金文中"伯"之稱的情況比較複雜,有排行,即伯仲叔季之伯;有爵稱,如"某伯"之稱。王世民指出"西周金文之伯,大體屬於文獻記載較少的一些小國,有的應是畿内封君",如西周時期的榮伯、散伯、夷伯等,春秋時期的鄭伯、杞伯等。此外,有些稱侯的國君在未即位前,或依照排行稱爲伯,即位後改稱侯,如山西曲沃北趙晉侯墓出土伯喜父簋"唯正月初吉丁亥,伯喜父肇作倗母寶簋,用夙夜享孝于王宗"[2],晉侯喜父盤"唯五月初吉庚寅,晉侯喜父作朕文考刺侯寶盤"(《近出》1006),伯喜父應即晉侯喜父,伯喜父是即位前的稱呼,即位後改稱侯。又如覞公簋"王令唐伯侯于晉"[3],此唐

---

① 李魯滕:《鸞鼎及其相關問題》,謝治秀主編:《齊魯文博——山東省首届文物科學報告月文集》,齊魯書社2002年版。

② 李伯謙:《晉伯卣及其相關問題》,《中國古代青銅器國際研討會論文集》,上海博物館、香港中文大學文物館2010年版。

③ 朱鳳瀚:《覞公簋與唐伯侯于晉》,《考古》2007年第3期。

伯當爲晉始封君叔虞之子燮父封侯之前的稱呼。

初命,朱鳳瀚認爲此句是指滕公在宗周初次受王命,並推測銘文所言不會是滕國始封君,而是二次受封徙封於今山東滕州之侯;陳英傑讀此句爲"唯伯初命于宗周史(事)",認爲意與燕侯旨鼎"燕侯旨初見事于宗周"(《集成》2628)、作册䰩卣"唯公大史見服于宗周年"(《集成》5432)等表達的意義相同,是伯初次受命到宗周述職。王峰、李魯滕理解此句爲滕國始封君第一次接受西周王朝的册命分封。

宗周,周人稱鎬京爲宗周,也稱西周爲宗周。此處指鎬京。宗,主之義,爲天下所宗,故稱宗周。宗周之稱常見於西周青銅器,如燕侯旨鼎"燕侯旨初見事于宗周",史頌鼎"王在宗周"(《集成》2787)等,也見於傳世文獻,如《尚書·多方》"王來自奄,至于宗周",《詩經·小雅·正月》"赫赫宗周,褒姒滅之"。

5. 史鬶:鬶爲作器者之私名,史爲其職。

6. 易(賜)馬二匹:易,通賜,典籍多作錫。《公羊傳》莊公元年:"'王使榮叔來錫桓公命。'錫者何? 賜也。"此句爲被動句式,鬶是受賜對象,公是賜予者,但此處省略。句意爲鬶受"公"賞賜馬兩匹。

7. 用乍(作)父癸寶尊彝:鬶爲亡父癸作祭器。

## 【説明】

首陽齋藏有三件鬶器。見於報道的鬶器還有山東滕州莊里西滕國墓葬出土的青銅器。

莊里西遺址位於山東省滕州市姜屯鎮莊里西村西首,處於滕東丘陵與滕西平原的結合地區。該遺址爲平原地區明顯隆起的高臺,俗稱"堌堆"。該遺址是一處典型的堌堆型遺址,至今仍高出周圍地面 3—7 米。根據李魯滕先生介紹,該遺址以山東龍山文化尹家城類型遺存最爲豐富,堆積厚度可達 1.5—3 米,其上依次疊壓有範圍與堆積不甚均匀的岳石文化、商周文化遺存。在莊里西遺址東南約 20 公里的薛河中下游，有一處以前掌大遺址爲中心的商代遺址群，有學者認爲前掌大遺址是妊姓薛國的中心統治區。

根據考古報告，自西周初年至戰國早中期，莊里西地區成爲歷代滕國貴族集中埋葬之地。自遺址中西部往東約占整個遺址五分之四的地區（基本上包括整個臺地），兩周時期的墓葬分佈非常密集。從發掘報告看，各期墓葬分佈有序，很少發現打破現象。説明莊里西墓地曾經周密規劃，遺憾的是這些墓葬大多數已被盜掘一空。但是歷年來這裏仍然出土了數以百計的兩周時期的青銅禮器、玉器，其中有相當一部分鑄有銘文。

李魯滕先生文指出，1989 年 1 月，在滕州市莊里西遺址一座被破壞的墓葬中，出土了一批西周初期的青銅器，根據銅器銘文所提供的族徽文字，該墓爲殷商族——亞異族的墓葬，且這支亞異族人應屬於分授給滕國的殷商遺民。李魯滕認爲首陽齋所藏鴽器當全部出自滕州莊里西89M7。在這座墓葬中，出土有鴽鼎，同出還有卣、觚、爵、簋、觶各 2，尊 1，其中九件有銘文。除一卣銘作“亞異吴對作父癸尊彝”，一爵銘“父癸”及鴽鼎外，其中四器均銘“史鴽作父癸寶尊彝”，可知墓主即爲鴽，冠其職司而稱史鴽。此處墓葬與其東部高臺之上的滕侯家族墓地毗鄰，但各自獨立成區，絶不相混。參照琉璃河西周燕國墓地的墓葬分區情況，李魯滕先生認爲鴽所在的墓葬區是殷遺民，而幾乎佔據整個高臺的墓葬區是滕侯家族的墓葬區。這種墓區安排上的差異反映了殷遺民與西周的封君家族的等級差别。

莊里西墓葬涉及滕國歷史。《左傳》僖公二十四年記載富辰之語，曰“昔周公弔二叔之不咸，故封建親戚以蕃屏周。管、蔡、郕、霍、魯、衛、毛、聃、郜、雍、曹、滕、畢、原、酆、郇，文之昭也；邘、晉、應、韓，武之穆也；凡、蔣、邢、茅、胙、祭，周公之胤也”，由是，滕爲文王之後。《春秋》隱公六年“滕侯卒”，孔穎達疏“《譜》云：‘滕，姬姓，文王子錯叔繡之後。武王封之，居滕，今沛郡公丘縣是也。自叔繡至宣公十七世，乃見《春秋》。隱公以下，春秋後六世，而齊滅之。’……《地理志》云：‘沛郡公丘縣，故滕國也，周文王子錯叔繡所封，三十一世爲齊所滅。’”《左傳》隱公十一年“滕侯、薛侯來朝,爭長。薛侯曰:'我先封。'滕侯曰:'我周之卜正也。薛,庶姓也。我不可以後之。'公使羽父請於薛侯曰:'君與滕君,辱在寡人。周諺有之曰:山有木,工則度之;賓有禮,主則擇之。周之宗盟,異姓爲後。寡人若朝于薛,不敢與諸任齒。君若辱貺寡人,則願以滕君爲請。'薛侯許之,乃長滕侯。"可見,滕之先爲周之卜正。

此外,鸞器中還涉及滕國國君之稱。由青銅銘文及傳世文獻看,滕君之稱頗爲複雜。鸞觶稱未任命之前的滕公爲"伯",而鸞鼎稱"公命狩",鸞簋稱"隹九月諸子具服,公乃命",兩器中之"公"皆爲生稱,當是受命之後之稱。莊里西所出吾鬲稱"吾作滕公寶尊彝",滕侯鼎稱"滕侯作滕公寶尊彝",此處之滕公應爲謚稱。滕國國君又稱侯,如滕侯鼎、滕侯簋中作器者均稱"滕侯",2002 年山東棗莊小邾國墓地所出西周晚期或春秋早期滕侯蘇盨稱"滕侯蘇作厥文考滕仲旅簋",亦稱滕侯。1987 年山東滕縣杜莊村出土春秋晚期滕侯敦稱"滕侯昃之御敦",可見春秋晚期,滕仍稱侯。但《春秋》中滕君之稱又有不同:隱公之時尚稱滕爲侯,自桓公始稱子,桓公二年"滕子來朝",杜預注"隱十一年稱侯,今稱子者,蓋時王所黜",孔穎達疏"自是以下,滕當稱子,故疑爲時王所黜。於時周桓王也,東周雖則微弱,猶爲天下宗主,尚得命邾爲諸侯,明能黜滕爲子爵"。然而,《左傳》體例又與《春秋》不同,《春秋》稱"滕子",《左傳》稱公,如《春秋》僖公十九年"宋人執滕子嬰齊",同年傳則曰"宋人執滕宣公"。但《春秋》自昭公三年始,在記述滕君去世時,既稱"子",又稱"公",如昭公三年"滕子原卒……葬滕成公"。去世而稱公,當爲謚稱。

## 【附録】

一、鸞器列表

| 名　　　稱 | 銘　　　　文 |
|---|---|
| 鸞鼎 | 隹正月,辰在壬申。公令狩□□,鸞獲瓏豕,公賞鸞貝二朋。公□□□□□休,用作父癸寶尊彝。 |
| 史鸞尊 | 史鸞作父癸寶尊彝。 |

| 名　　稱 | 銘　　　　　文 |
|---|---|
| 史爨爵 | 史爨作父癸寶尊彝。 |
| 史爨觶 | 史爨作。 |
| 史爨卣 | 史爨作父癸寶尊彝。 |

## 【參考文獻】

1. 韓巍：《讀〈首陽吉金〉瑣記六則》，朱鳳瀚主編：《新出金文與西周歷史》，上海古籍出版社 2011 年版。

2. 陳英傑：《讀〈首陽吉金〉札記》，《文字與文獻研究叢稿》，社會科學文獻出版社 2011 年版。

3. 李魯滕：《爨鼎及其相關問題》，謝治秀主編：《齊魯文博——山東省首屆文物科學報告月文集》，齊魯書社 2002 年版。

4. 朱鳳瀚：《滕州莊里西滕國墓地出土爨器研究》，朱鳳瀚主編：《新出金文與西周歷史》，上海古籍出版社 2011 年版。

5. 杜傳敏、張東峰、魏慎玉、潘曉慶：《1989 年山東滕州莊里西西周墓發掘報告》，《中國國家博物館館刊》2012 年第 1 期。

6. 王峰、李魯滕：《近見爨器銘文略考》，《中國國家博物館館刊》2012 年第 1 期。

7. 王國維：《說彝》，《觀堂集林》，中華書局 1959 年版。

8. 楊伯峻：《春秋左傳注》，中華書局 2009 年版。

9. 唐蘭：《〈五省出土重要文物展覽圖錄〉序言》，《唐蘭先生金文論集》，紫禁城出版社 1995 年版。

10. 王世民：《西周春秋金文中的爵稱》，《歷史研究》1983 年第 3 期。

11. 王世民：《西周春秋金文所見諸侯爵稱的再檢討》，李宗焜主編：《古文字與古代史》第三輯，臺北“中央研究院”歷史語言研究所，2012 年。

12. 劉源：《“五等爵”制與西周貴族政治體系》，《歷史研究》2014 年第 1 期。

# 9. 牛 卣

《首陽吉金》第 24 器(第 76 頁),西周早期(公元前 11 世紀)

圖一　牛卣

蓋銘

器銘

圖二　牛卣銘文

## 【釋文】

牛

## 【集釋】

1. 牛：應是作器者的族徽。商周金文所見牛族器見附録。

## 【附録】

一、牛器列表

| 器名 | 時代 | 現藏 | 説明 | 銘文拓片 |
|---|---|---|---|---|
| 牛簋 | 商代晚期 | 美國舊金山亞洲美術博物館(布倫戴奇藏品) | 《集成》2973 | |
| 🐮卣(牛卣) | 商代晚期 | 美國紐約杜克氏處 | 蓋器同銘;《集成》4790 | |
| 牛鼎 | 商代晚期或西周早期 | 北京故宮博物院 | 《集成》1103 | |
| 牛卣 | 商代晚期或西周早期 | | 蓋器同銘;《新收》1937 | |
| 牛鼎 | 西周早期 | 美國賓夕法尼亞大學博物館 | 蓋器同銘;《集成》1104 | |
| 牛卣 | 西周早期 | 首陽齋 | 蓋器同銘;《首陽吉金》第76頁 | |
| 牛戈(🐮戈) | 西周早期 | 臺灣"中央研究院"歷史語言研究所 | 1932—1933年河南濬縣辛村西周墓(M42.163)出土;《總集》7289 | |

| 器名 | 時　代 | 現　藏 | 説　明 | 銘文拓片 |
|---|---|---|---|---|
| 牛戟 | 西周早期 | 甘肅省博物館 | 1972 年甘肅靈臺縣城西屯公社(今西屯鄉)白草坡西周墓葬(M2)出土① | |
| 牛父戊爵 | 西周早期 | 西安某收藏家 | 銘文"牛父戊";《銘文暨圖像集成》8160 | |
| 牛形與上不同 | | | | |
| 牛方鼎 | 商代晚期 | 臺灣"中央研究院"歷史語言研究所 | 1935 年河南安陽侯家莊西北崗 1004 號商代大墓出土;《集成》1102 | |
| 牛尊(作旅彝尊) | 西周早期 | 北京故宮博物院 | 銘文"作旅彝,牛";《集成》5780 | |
| 達爵 | 西周早期 | | 銘文"牛册,達作父己尊彝";《集成》9079 | |

---

① 甘肅省文物局編:《甘肅文物菁華》,文物出版社 2006 年版,第 99 頁,圖 99。

# 10. 山父丁鼎　山父丁盤

山父丁鼎,《首陽吉金》第25器(第80頁),西周早期(公元前11世紀)

圖一　山父丁鼎　　　　　圖二　山父丁鼎銘文

山父丁盤,《首陽吉金》第27器(第85頁),西周早期(公元前11世紀)

圖三　山父丁盤　　　　　圖四　山父丁盤銘文

## 【釋文】

山父丁

## 【集釋】

1. 山：族氏銘文。《首陽吉金》指出“1967 年長安張家坡 87 號墓出有西周早期的山爵，以及 1973 年陝西岐山賀家村 1 號墓出有西周早期的山簋。可以推知，周人滅商後山族主要活動於這個地區”。

2. 父丁：父爲親稱，丁爲日名。此器是爲父丁所作祭器。

## 【附録】

一、山器列表

| 器物 | 年 代 | 出土地點 | 著 録 | 銘 文 | 備 注 |
|---|---|---|---|---|---|
| 尊 | 商代晚期 | | 《集成》5614 | 山父乙 | 方尊座，殘 |
| 尊 | 商代晚期 | | 《集成》5642 | 山父戊 | 一説爲鼎 |
| 觶 | 商代晚期 | | 《集成》6144 | 山婦 | |
| 觚 | 商代晚期 | | 《集成》7081 | 山祖庚 | |
| 觚 3 件 | 商代晚期 | | 《集成》7115、7116、7117 | 山父丁 | |
| 爵 | 商代晚期 | | 《集成》8017 | 山丁 | |
| 爵 | 商代晚期 | 河南安陽孝民屯東南地商代墓葬（M1295.1） | 《河南安陽市殷墟孝民屯東南地商代墓葬 1989—1990 年的發掘》[1] | 山丁 | |
| 斝 | 商代晚期 | | 《集成》9210 | 山父乙 | |

---

[1] 中國社會科學院考古研究所安陽工作隊：《河南安陽市殷墟孝民屯東南地商代墓葬 1989—1990 年的發掘》，《考古》2009 年第 9 期。

| 器物 | 年　代 | 出土地點 | 著　錄 | 銘　文 | 備　注 |
|---|---|---|---|---|---|
| 觥 | 商代晚期 | | 《集成》9271 | 山父乙 | |
| 斝 | 商代晚期 | | 《集成》9232 | 山口父辛 | |
| 罍 | 商代晚期 | 陝西城固縣博望鎮陳邸村 | 《城固縣青銅罍的修復》① | 山父己 | |
| 爵 | 商代晚期或西周早期 | | 《集成》8356 | 山祖壬 | |
| 鼎 | 西周早期 | | 《集成》1561 | 山父乙 | |
| 簋 | 西周早期 | 傳出岐山 | 《集成》3070 | 癸山 | |
| 簋 | 西周早期 | 陝西岐山縣賀家村一號西周墓葬（M1.5） | 《陝西岐山賀家村西周墓葬》②；《集成》3032 | 山 | |
| 觶 | 西周早期 | | 《集成》6261 | 山父丁 | |
| 爵 | 西周早期 | | 《集成》8324 | 山祖丁 | |
| 爵2件 | 西周早期 | 陝西長安張家坡（M87.7、M87.8） | 《1967年長安張家坡西周墓葬的發掘》③；《集成》7653、7654 | 山 | |
| 壺 | 西周早期 | 陝西寶雞市長青村紙坊頭（M3.3） | 《陝西寶雞紙坊頭西周早期墓葬清理簡報》④ | 山父丁 | |

① 方萍、楊軍昌、馬琳燕：《城固縣青銅罍的修復》，《文博》2001年第1期。

② 陝西省博物館，陝西省文物管理委員會：《陝西岐山賀家村西周墓葬》，《考古》1976年第1期。

③ 中國社會科學院考古研究所灃西發掘隊：《1967年長安張家坡西周墓葬的發掘》，《考古學報》1980年第4期。

④ 寶雞市考古研究所：《陝西寶雞紙坊頭西周早期墓葬清理簡報》，《文物》2007年第8期。

# 11. 夐 簋

《首陽吉金》第 26 器（第 83 頁），西周早期（公元前 11 世紀）

圖一　夐簋

圖二　夐簋銘文

【釋文】

隹（唯）九月者子具服

公迺令（命）才（在）庰曰凡

朕（朕）臣興晦夐敢

對公休用乍(作)父癸寶尊彝

## 【集釋】

1. 者子具服：者子，金文中“諸”字常常省略“言”，所以此處“者”實際上是“諸”。鄭宇清根據《禮記·曲禮下》“其在東夷、北狄、西戎、南蠻，雖大曰‘子’”，認爲“諸子”是指“衆多四方蠻夷諸侯國之長”；朱鳳瀚認爲“諸子”是指公(即滕公)的諸公子、其他有公子身份的貴族，甚至“公”的兄弟輩(兄弟、從兄弟)或父輩(即上二代滕公之子)，與商卜辭中的“多子”之稱類似；韓巍認爲是指滕公的諸兄弟子侄；陳英傑認爲相應於銘文中表總括意義的“凡”字，“諸”應當理解爲“衆”，“諸子”是指諸小宗宗子；王峰、李魯滕認爲，“諸子”與“朕臣”對舉，是指滕君屬下的卿、士、大夫；高婧聰將諸子理解爲滕公及其國内卿、大夫、士的子弟。按，由青銅銘文中常見的“諸父”、“諸母”、“諸兄”之稱看，“諸子”似指滕君之子以及其諸兄弟子侄，其職位或爲大夫、士。

具服，鄭宇清認爲意同於“俱服”，是指衆多蠻夷諸侯之長都歸順；高佑仁認爲“具服”不單是説明諸子臣服於公，而且表明在服從之後，願意繳納規定的貢賦，並且擔任官職爲王效勞；朱鳳瀚根據秦公鐘銘文“以康奠懟朕國，肇百蠻，具即其服”(《集成》262—266)，指出“者(諸)子具服”與“具即其服”含義相近，“服”爲服其職事之意。此句意指滕國諸公子受封完畢，就其職位。他還指出“諸子具服”表示受封之諸子要作爲封君服事於公，體現了大小宗之間的宗法關係；陳英傑認爲“具”爲“皆”之義，“服”指的是宗族成員對宗子的義務和責任，即“服事”、奉行職事，此句意謂諸宗族成員完成了對大宗所應奉行的職事，反映了分支宗族對大宗須承擔責任；韓巍認爲“諸子具服”是指“滕公返國以後接受家族中諸兄弟子侄的朝見，並對他們命以職事”；高婧聰認爲“具服”意爲將要有職事。

按，“服”在册命銘文中常作“職事”講，如毛公鼎“汝毋敢墜在乃服”(《集成》2841)，大盂鼎“汝昧辰有大服”(《集成》2837)等，“服”作職事講時，其前往往有動詞，如前舉例中之“墜”、“有”等，以及金文中習見的“更乃祖考服”之“更”。本銘中“具服”之“具”爲狀語，“服”當爲動詞，可釋爲諸子皆服其事,但若進一步理解爲大宗分封之後再對小宗進行分封,則在本銘中體現並不明顯。

2. 公迺令(命)才(在)庠:公,《爾雅·釋詁》"君也"。青銅銘文中"公"之具體所指比較複雜:王朝的卿士位尊者可稱公,如周公、召公、虢公、毛公等;公也可爲謚稱,如滕侯鼎稱"滕侯作滕公寶尊彝",此滕公爲謚稱;公也可爲爵稱,如此處的滕公、應公鼎中的應公,皆爲生稱,當是指爵位。陳英傑認爲此公爲宗子之稱。韓巍認爲夆簋銘中的"公"與夆觶銘中的"伯"是指同一人。夆觶的"唯伯初命于宗周",是指新即位的滕君到宗周朝見周王,接受周王的册命,在受命之前,他只能按照個人排行稱"滕伯",在正式册命後改稱滕公。王峰、李魯滕讀此句爲"公在庠迺命"。

[字],《首陽吉金》隸定爲庠。王峰、李魯滕隸定爲庠,指滕國宫室的一部分,或是滕國的一處地名;高婧聰將此字隸定爲庠,認爲是"庠"之省,指辟雍,貴族子弟接受教育的場所。

3. 曰凡朕(朕)臣興畮:朱鳳瀚認爲此句與"公"對夆等"臣"的犒賞有關,即犒賞在安置"諸子"、使"諸子具服"過程中出了力的"朕臣"。"臣"在這裏應該即是指夆及與其身份近同的滕國公臣。

興畮,鄭宇清認爲,興爲徵收之意。《周禮·地官·旅師》:"掌聚野之鋤粟、屋粟、間粟而用之,以質劑致民,平頒其興積,施其惠,散其利,而均其政令。"鄭玄注云:"興積,所興之積謂三者之粟也。平頒之,不得偏頗有多少。縣官徵聚物曰興,今云'軍興'是也。"畮是畝的古字,原是田的計量單位,後來代指農田,再次引申爲納稅的農田所出之物。"興畮"就是徵收田賦。朱鳳瀚讀興爲"弘"。畮,郭沫若釋賢簋"公叔初見于衛,賢從。公令吏畮賢百畮(畝)竆"(《集成》4104—4106)之第一個"畮"爲賄,賜予之意。因此,"興畮"可讀爲"弘賄",義近於"厚賄"。是説公要對臣屬厚賄之。陳英傑認爲畮同畝,即田地。"興",鄭玄注《周禮·地官·司稼》"掌均萬民之食,而賙其急而平其興"曰"興,所徵賦",賈公彦疏《周禮·地官·旅師》"平頒其興積"曰"興,皆是積聚之義也","興"爲徵具之義。具體來説,"畮"指的是爲宗子所有並統一支配的宗族公田,"凡朕臣興畮"很可能反映了周代田制的徹法,亦即"凡朕臣"可以從宗族公田中徹取、徵聚糧食,糧田所產之糧,宗子可以賞賜給宗族成員。王峰、李魯滕認爲此處畮即爲畂,泛指農田、農事;黄國輝指出"興"有"同"義。他引唐蘭、裘錫圭之説《説文》興字'从舁从同,同力也'。卜辭作 ,則象兩人奉 ,以象意聲化例推之,當爲 聲。、 一字,故後从'同'作'舁'。古書用'興'字者,義多若'同'。《微子》云'小民方興相爲敵讎',即小民方同相爲敵讎也。又云'殷邦方興沈酗於酒',即殷邦方同沈酗於酒也……《詩‧抑》'興迷亂于政',同迷亂於政也"。"興畮"當釋爲"同賄","凡朕臣興畮"是指凡滕公之臣皆有所賜,"同"與前文的"凡"相對應。

4. 鴌敢對公休用乍(作)父癸寶尊彝:鴌,作器者名,其他的鴌器多書作"史鴌",可見其職爲史。從史鴌觶銘文"唯伯初命于宗周,史鴌賜馬二匹,用作父癸寶尊彝"看,"史"應是諸侯國滕國之史。休,獎賞,賞賜。此句大意爲鴌答揚公之賞賜,而爲父考癸作寶器。

**【參考文獻】**

1. 沈寶春主編:《〈首陽吉金〉選釋》,麗文文化出版社 2009 年版。

2. 朱鳳瀚:《滕州莊里西滕國墓地出土鴌器研究》,《中國古代青銅器國際研討會論文集》,上海博物館、香港中文大學文物館 2010 年版。

3. 韓巍:《新出金文與西周諸侯稱謂的再認識——以首陽齋藏器爲中心考察》,"二十年來新見古代中國青銅器國際學術研討會:首陽齋藏器及其他"會議論文,2010 年 11 月。

4. 韓巍:《讀〈首陽吉金〉瑣記六則》,朱鳳瀚主編:《新出金文與西周歷史》,上海古籍出版社 2011 年版。

5. 陳英傑:《讀〈首陽吉金〉札記》,《文字與文獻研究叢稿》,社會科學文獻出版社 2011 年版。

6. 王峰、李魯滕:《近見鴌器銘文略考》,《中國國家博物館館刊》2012

年第 1 期。

7. 高婧聰:《首陽齋藏鬲器與西周宗法社會的貴族教育》,《考古與文物》2012 年第 2 期。

8. 黃國輝:《〈首陽吉金〉"鬲簋"新探》,《北京師範大學學報》2014 年第 3 期。

9. 李魯滕:《鬲鼎及其相關問題》,謝治秀主編:《齊魯文博——山東省首屆文物科學報告月文集》,齊魯書社 2002 年版。

10. 滕縣博物館:《山東滕縣發現滕侯銅器墓》,《考古》1984 年第 4 期。

11. 滕縣文化館:《山東省滕縣出土西周滕國銅器》,《文物》1979 年第 4 期。

12. 劉延常、李魯滕:《滕州莊里西遺址考古發掘獲重要成果》,《中國文物報》1996 年 7 月 28 日一版。

13. 杜傳敏、張東峰、魏慎玉、潘曉慶:《1989 年山東滕州莊里西西周墓發掘報告》,《中國國家博物館館刊》2012 年第 1 期。

# 12. 晉伯卣

《首陽吉金》第 30 器（第 92 頁），西周中期（公元前 11 世紀末—前 10 世紀末）

圖一　晉伯卣

器銘

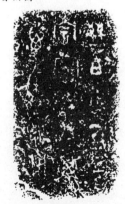

蓋銘

圖二　晉伯卣銘文

## 【釋文】

（器蓋同銘）

晉白(伯)乍(作)乑(厥)啻宗

寶彝其萬年永用

## 【集釋】

1. 晉白(伯)：伯可爲爵稱，也可爲排行。李伯謙據山西天馬一曲村晉侯墓 M91 出土伯喜父簋“伯喜父肇作倗母寶簋”，同墓出土另一件銅器“晉侯喜父作朕文考剌侯寶鑑”，以及 M92 出土晉侯喜父盤“晉侯喜父作朕文考剌侯寶盤”①，認爲伯喜父就是晉侯喜父。因此，晉伯卣中的“伯”應是某代晉侯的長子在自己尚未繼侯位時的稱呼。韓巍認爲此處的伯是排行而不是爵稱，是某代晉侯的嫡長子尚未繼位時的稱謂。

關於此件晉伯卣，李伯謙認爲“很可能和首陽齋收藏的晉侯對盨一樣，也是出於山西省曲沃縣北趙晉侯墓地，而最可能的出土墓葬則是晉侯墓地排序居於第三位的 M6、M7 晉成侯夫婦墓”。並認爲此器要晚到恭王，甚至恭、懿之際。

2. 乑(厥)：代詞，指晉伯自己。

3. 啻宗寶彝：關於啻字的用法，徐中舒指出“啻帝相通。勇叔買簋‘其用追孝于朕皇祖啻考’(《集成》4129)”；李伯謙認爲“啻宗”即“大宗”，指大宗之宗廟，這和器主稱晉伯相一致；韓巍認爲“啻宗”不能理解爲大宗，晉伯本身就是晉國的大宗，没有必要强調爲大宗作器。啻、帝與“嫡”相通，“帝”是對父親的尊稱，稱父爲帝與區分嫡庶的觀念有關。“嫡宗”應是“嫡考之宗”，即晉伯之父的宗廟，此器是晉伯爲祭祀其亡父而作的祭器。陳英傑也認爲

---

① 北京大學考古系、山西省考古研究所：《天馬一曲村遺址北趙晉侯墓地第五次發掘》，《文物》1995 年第 7 期。

"帝"是强調直系繼承的宗族長地位之崇高的一種尊稱,此處讀爲"嫡宗",是晉伯對自身宗族長地位的强調。

按,關於帝考,章叔將簋亦有"章叔將自作尊簋,其用追孝于朕敱考"(《集成》4038)之語,"敱考"同於勇叔買簋中的"啻考"(《集成》4129)。但所謂"啻考",如徐中舒指出,同於"帝考"。"帝考"亦見於西周銘文,悆鼎"用享于巠帝考"(《集成》2705),仲師父鼎"用享用孝于皇祖帝考"(《集成》2743、2744),"皇祖帝考"並聯,"皇"與"帝"義當相近,皇用於形容祖先之盛大,帝之用法相類。帝亦有大之意,郝懿行疏《爾雅·釋詁上》"天、帝,君也","天、帝俱尊大之極稱"。前輩學者也指出帝有盛大之義。① 關於"考"之前的修飾語,金文中習見的有"皇"、"文"、"刺(烈)",此外,還有"卲考"(班簋,《集成》4341),"穆考"(伯克壺,《集成》9725),皆爲形容祖先光明、盛大之類的詞彙。

"晉伯作厥啻宗"句或可參照叔作懿宗方鼎"叔作懿宗盨"(《集成》2051),"帝"與"懿"同爲修飾"宗"之語,而宗爲宗室之意。"宗"從宀,從示,示是神事、神主,故宗爲祭祀的地方。郭沫若認爲宗所從之"示"爲生殖神偶像,因此宗也是祭祀神的地方。

## 【參考文獻】

1. 李伯謙:《晉伯卣及其相關問題》,《中國古代青銅器國際研討會論文集》,上海博物館、香港中文大學文物館 2010 年版。

2. 韓巍:《讀〈首陽吉金〉瑣記六則》,朱鳳瀚主編:《新出金文與西周歷史》,上海古籍出版社 2011 年版。

3. 陳英傑:《讀〈首陽吉金〉札記》,《文字與文獻研究叢稿》,社會科學文獻出版社 2011 年版。

4. 郝懿行:《爾雅義疏》,上海古籍出版社 1983 年版。

5. 徐中舒:《陳侯四器考釋》,《徐中舒歷史論文選輯》,中華書局

---

① 周法高主編,張日昇、徐芷儀、林潔明編纂:《金文詁林》,香港中文大學出版社 1975 年版,第 57 頁。

1998 年版。

6. 郭沫若:《中國古代社會研究》,商務印書館 2011 年版。

7. 王世民:《西周春秋金文中的諸侯爵稱》,《歷史研究》1983 年第 3 期。

8. 王世民:《西周春秋金文所見諸侯爵稱的再檢討》,《古文字與古代史》第三輯,臺北"中央研究院"歷史語言研究所,2012 年。

# 13. ◆ ᶜ 鼎

《首陽吉金》第 31 器（第 94 頁），西周中期（公元前 11 世紀末—前 10 世紀末）

圖一 ◆ ᶜ鼎

圖二 ◆ ᶜ鼎銘文

## 【釋文】

◆ ᶜ

## 【集釋】

1. ◆ ᶜ：◆ 這一字形在金文中較爲常見，《集成》1486 將這一字形釋爲"齊"。胡嘉麟指出此字形似一個填實的菱形，古文字中字形的簡省現象十分普遍，填實與雙鉤可表示爲相同的字形。◇ 在古文字中可作爲"土"之簡省，也可釋爲穀物，可能是"畟"的初文。ᶜ，胡嘉麟認爲此字

060

形似一把横置的刀，可暫釋爲"刀"。✦﹂爲族徽。

## 【附録】

一、✦﹂器列表

| 僅有族徽銘文 ✦﹂ 的器物： | | | | |
| --- | --- | --- | --- | --- |
| 器物 | 拓片 | 時代 | 收錄及收藏情況 | 備注 |
| ✦﹂爵 | | 商代晚期 | 《集成》8278；現藏美國紐約賽克勒氏 | |
| ◇﹂鼎 | | 西周早期 | 《集成》1486；現藏美國舊金山亞洲美術博物館（布倫戴奇藏品） | 胡嘉麟認爲﹂與﹂不同，二者非同一族徽；何景成則一並納入相同族徽中 |
| ✦﹂鼎 | | 西周中期 | 《周原出土青銅器》①8.1718；現藏寶雞市周原博物館 | 1980年12月陝西扶風縣法門鎮劉家村西周墓葬（80FLM2.1)出土 |
| ✦﹂鼎 | | 西周中期 | 《首陽吉金》第31器；現藏首陽齋 | 《銘文暨圖像集成》(器號666)指出與上件器形制、紋飾、銘文完全相同，此件較大，當爲同人作器；胡嘉麟認爲時代較上器略早 |

① 曹瑋主編：《周原出土青銅器》，巴蜀出版社2005年版。

首陽吉金疏證

| 器物 | 族徽拓片 | 銘　文 | 時代及著録 | 備　注 |
|---|---|---|---|---|
| ◇◡父戊爵 | | ◇◡父戊 | 商代晚期；《集成》8527 | 何景成認爲屬於♦◡族 |
| ♦◡父丁簋 | | 作父丁♦◡ | 商代晚期；《集成》3429 | 現藏臺北故宮博物院 |
| ♦◡作父丁簋 | | ♦◡作父丁寶尊彝 | 西周早期；《集成》3649 | 現藏瑞士蘇黎世瑞列堡博物館 |
| ♦◡作父丁簋 | | ♦◡作父丁寶尊彝 | 西周早期；《集成》3650 | 現藏香港御雅居 |
| ♦◡作父丁器 | | ♦◡作父丁寶尊彝 | 西周早期；《集成》10572 | |
| ◡♦父癸鼎 | | ◡◡♦父癸 | 西周早期；《集成》1902 | |

非單一族徽銘文 ✦ ⌐ 器物：

| 器物 | 族徽拓片 | 銘　文 | 時代及著錄 | 備　注 |
|---|---|---|---|---|
| 弃者君父乙尊 | | 弃者君作父乙寶尊彝 | 西周早期；《集成》5945 | 何景成認爲屬於 ✦ ⌐ 族。由於拓片不清楚，待商榷。 |
| 中盤 | | 弔皇父易中貝，中揚弔休，用乍父丁寶尊彝，孫子其永寶弔休，萬年不望。◇刀 | 西周中期前段；《三代》17.15.3 | 銘文據陳夢家《西周銅器斷代》53器①。原器已佚；或稱仲樂父盤，《銘文暨圖像集成》14509 |
| 戜簋 | | 戜作祖庚尊簋，子子孫孫其萬年永寶用，✦ ⌐ | 西周中期；《集成》3865 | 現藏上海博物館；張長壽指出，此件戜簋與1975年陝西扶風莊白村所發現的戜器非同族器；胡嘉麟觀點相反，認爲莊白戜器主也屬於 ✦ ⌐ 族 |

## 【參考文獻】

1. 張長壽：《首陽齋藏◇刀鼎》，《中國古代青銅器國際研討會論文集》，上海博物館、香港中文大學文物館 2010 年版。

2. 胡嘉麟：《論西周時期 ✦ ⌐ 族銅器群》，《中國古代青銅器國際研討會論文集》，上海博物館、香港中文大學文物館 2010 年版。

3. 何景成：《商周青銅器族氏銘文研究》，齊魯書社 2009 年版。

---

① 陳夢家：《西周銅器斷代》，中華書局 2004 年版。

# 14. 仲枏父鬲

《首陽吉金》第 32 器(第 96 頁),西周中期(公元前 11 世紀末—前 10 世紀末)

圖一　仲枏父鬲

圖二　仲枏父鬲銘文

【釋文】

隹(唯)六月初吉

師湯父有嗣(司)

中(仲)枏父乍(作)寶

鬲用敢卿(饗)考(孝)于

皇且(祖)丂(考)用旝(祈)

眉壽其萬年

子子孫孫其永寶用

## 【集釋】

1. 初吉：月相詞彙。王國維有四分月相説，認爲"古者蓋分一月之日爲四分：一曰初吉，謂自一日至七八日也；二曰既生霸，謂自八九日以降，至十四五日也；三曰既望，謂十五六日以後，至二十二三日；四曰既死霸，謂自二十三日以後，至於晦也"；陳夢家則認爲"初吉"即朏，指每月初三日。《説文》"朏，月未盛之明也"，《尚書·召誥》"惟丙午朏"，孔安國傳"明也。月三日明生之名"；董作賓認爲"初吉"是朔，指每月的初一日；唐蘭認爲初吉是初一至初十的十天裏所遇到的吉日；黄盛璋指出"初吉"就是初干吉日；劉雨以爲"初吉"就是"首善"、"大吉"之義。

2. 師湯父有嗣(司)中(仲)枏父乍(作)寶鬲：師某，以官爲氏。師類職官是西周時期最常見、最重要的官職之一，可爲軍事長官，可爲周王的禁衛隊長官，可爲周王出入王命、巡視地方，可在賜命禮中作儐右，可爲王之司寇、司士，可爲王管理王室事務，可爲王管理旗幟，也可負責教育方面的事務等。西周銘文中之師，基本上都是王官，個別器上也見到諸侯之師。劉雨、張亞初指出"職官師某之稱，習見於商和西周，在東周銘文中驟然減少"。

師湯父，見於傳世師湯父鼎，鼎銘作"王在周新宫，在射盧，王呼宰應易盛弓……師湯父拜稽首，作朕文考毛叔將彝"（《集成》2780），師湯父亦見於 1991 年陝西扶風縣法門鎮齊家村西周墓葬所出師湯父鼎"師湯[父]作旅鼎，子孫其萬年永寶用"。[①] 但三組銘文中的師湯父是否爲一人，有待進一步研究。

有司，一般屬吏的稱謂。《周禮·地官·泉府》"與其有司辨而受之"，鄭玄注"有司，其所屬吏也"。劉雨、張亞初指出"'司'字文獻上訓主（《禮記·曲禮下》疏），訓'掌事'（"掌事曰司"，《左氏春秋序》"魯史記之名也"疏），也

---

① 羅西章：《陝西周原新出土的青銅器》，《考古》1999 年第 4 期。

訓爲總其領（"凡言司者總其領也"，《禮記·曲禮下》疏引），有司就是掌事人員的統稱。師湯父有司就是師湯父的管事人員"，即師湯父的屬吏。此句意謂師湯父的下屬仲枏父作用於祭祀之鬲。

3. 用敢卿（饗）考（孝）于皇且（祖）丂（考）：卿（饗）孝，青銅器銘文多作亯（享）孝、追孝，卿（饗）孝僅見於此器及伯簪簋（《集成》3943）。饗、亯二字，在文獻中各有使用的體例：如《周禮》中凡祭亯用亯字，凡饗燕用饗字；《儀禮》中，"聘禮"儀式臣亯君字作亯，"士虞禮"、"少牢饋食禮"尚饗字作饗；《禮記》中，凡祭亯、饗燕字皆作饗，無作亯者；《左傳》則皆作亯，無作饗者；《詩經》中獻於神曰亯，神食其所亯者曰饗，與《周禮》祭亯作亯，《儀禮》尚饗作饗用法一致。但亦有混用現象。

一般來説，金文中亯孝字用於鬼神，饗食字用於生人，但也有反而用之的情況。亯，吳大澂、高鴻縉等認爲像宗廟之形，曾憲通認爲其本義爲宗廟。"亯（享）孝"一詞，泛指祭祀，是"孝"之事死的一項重要内容。

考，《爾雅·釋親》"父爲考"。《公羊傳》隱公元年"惠公者何，隱之考也"，何休注"生稱父，死稱考"。金文中的"考"，一般是稱死去的父親。商人多稱父，周人常稱考。金文"考"、"祖"字前常冠以修飾語，如文考、文祖、皇考、皇祖、烈考、烈祖、丕顯皇祖考、丕顯皇祖烈考、皇文烈祖考等，用以讚美"祖"或"考"。"皇"，《説文》"大也"，《詩經·周頌·烈文》"繼序其皇之"，毛傳"皇，美也"。"皇祖"，形容祖先盛大美好的樣子。

"祖"，泛稱，可能是指祖父，也可能指先祖。西周中期以來，享孝、追孝祖考句式流行，祖考一般爲泛稱。

## 【説明】

《首陽吉金》指出"陝西永壽好疇河陸續出土了幾批仲枏父器。目前存世的仲枏父器組共有九鬲、二簋、一匕"。《殷周金文集成》著録七鬲、二簋、一匕。其中三鬲一簋爲 1967 年永壽縣好疇河出土，一匕爲 1962 年同一地點出土。其餘數件未著録來源。據陳佩芬《新獲兩周青銅器》，《集成》中未收録的兩件，一件爲香港徵集，現收藏於上海博物館，另一件爲首陽齋所收藏。

《首陽吉金》還指出"仲枏父鬲銘文中提到的師湯父與仲枏父是同時代的人物。傳世的師湯父鼎,學者多據其銘文定爲恭王時器。1991 年陝西扶風縣法門鎮齊家村 1 號墓亦出土了一件師湯父鼎(91M1:2506),根據器形和紋飾斷定亦爲西周中期的器物"。按,師湯父鼎銘有"王在周新宫,在射盧"(《集成》2780)句,與恭王十五年趞曹鼎銘"恭王在周新宫,旦,王射于射盧"(《集成》2784)相同,因此學者推斷師湯父鼎當是恭王時器,而與師湯父同時代的仲枏父,其器亦當爲恭王時器。但是,金文中同名異人現象並不鮮見,傳世師湯父鼎中的師湯父與仲枏父鬲中的師湯父是否爲一人,尚需細緻論證。

## 【附録】

一、中(仲)枏父器列表

除首陽齋所藏仲枏父鬲外,還有 12 件仲枏父器。現列表如下。

| 器　名 | 出土、收藏及著録 | 銘　　文 |
|---|---|---|
| 中(仲)枏父鬲(3 件) | 陝西永壽縣好疇河村出土;陝西歷史博物館藏;《陝西永壽、藍田出土西周青銅器》①、《集成》747、749、750 | 唯六月初吉,師湯父有司仲枏父作寶鬲,用敢饗孝于皇祖考,用祈眉壽,其萬年子子孫孫其永寶用。 |
| 中(仲)枏父鬲 | 陝西永壽縣好疇河村出土;西安博物院藏;《西安市文物中心收藏的商周青銅器》②、《集成》746 | 唯六月初吉,師湯父有司仲枏父作寶鬲,用敢饗孝于皇祖考,用祈眉壽,其萬年子子孫孫其永寶用。 |
| 中(仲)枏父鬲(2 件) | 陝西永壽縣好疇河村出土;武功縣文物管理委員會藏;《陝西武功縣徵集到三件西周青銅器》③、《集成》751、752 | 唯六月初吉,師湯父有司仲枏父作寶鬲,用敢饗孝于皇祖考,用祈眉壽,其萬年子子孫孫其永寶用。 |

---

① 吳鎮烽、朱捷元、尚志儒:《陝西永壽、藍田出土西周青銅器》,《考古》1979 年第 2 期。
② 王長啟:《西安市文物中心收藏的商周青銅器》,《考古與文物》1990 年第 5 期。
③ 康樂:《陝西武功縣徵集到三件西周青銅器》,《考古與文物》1985 年第 4 期。

續　表

| 器　名 | 出土、收藏及著録 | 銘　　文 |
|---|---|---|
| 中(仲)枏父鬲 | 陝西永壽縣好疇河村出土;上海博物館藏;《仲枏父鬲跋》①、《集成》748 | 唯六月初吉,師湯父有司仲枏父作寶鬲,用敢饗孝于皇祖考,用祈眉壽,其萬年子子孫孫其永寶用。 |
| 中(仲)枏父鬲 | 陝西永壽縣好疇河村出土;上海博物館藏;《新獲兩周青銅器》② | 唯六月初吉,師湯父有司仲枏父作寶鬲,用敢饗孝于皇祖考,用祈眉壽,其萬年子子孫孫其永寶用。 |
| 中(仲)枏父甗 | 出土地不詳;收藏者不詳;《集成》942 | 唯六月初吉,仲枏父作旅甗,其萬年子孫孫永寶用。 |
| 中(仲)枏父簋 | 陝西永壽縣好疇河村出土;北京故宮博物院藏;《陝西永壽縣出土青銅器的離合》③(器銘未見著録)、《集成》4155 | 唯六月初吉,師湯父有司仲枏父作寶簋,用敢饗孝于皇祖考,用祈眉壽,其萬年子子孫孫其永寶用。 |
| 中(仲)枏父簋 | 陝西永壽縣好疇河村出土;陝西歷史博物館藏;《陝西永壽、藍田出土西周青銅器》、《集成》4154(蓋)。 | 唯六月初吉,師湯父有司仲枏父作寶簋,用敢饗孝于皇祖考,用祈眉壽,其萬年子子孫孫其永寶用。 |
| 中(仲)枏父匕 | 陝西永壽縣好疇河村出土;陝西歷史博物館藏;《陝西永壽縣、武功縣出土西周銅器》④、《集成》979 | 仲枏父作匕,永寶用。 |

**【參考文獻】**

1. 王國維:《生霸死霸考》,《觀堂集林》(第 1 册),中華書局 1959 年版。

---

①　沈之瑜:《仲枏父鬲跋》,《文物》1965 年第 1 期。
②　陳佩芬:《新獲兩周青銅器》,《上海博物館集刊》第 8 期,上海書畫出版社 2000 年版。
③　梓溪:《陝西永壽縣出土青銅器的離合》,《文物》1965 年第 11 期。
④　何漢南:《陝西永壽縣、武功縣出土西周銅器》,《文物》1964 年第 7 期。

2. 陳夢家:《西周銅器斷代》,中華書局 2004 年版。

3. 董作賓:《董作賓學術論著》,(臺北)世界書局 2008 年版。

4. 黃盛璋:《釋初吉》,《歷史研究》1958 年第 4 期。

5. 劉雨:《金文初吉辨析》,《文物》1982 年第 11 期。

6. 唐蘭:《〈五省出土重要文物展圖録〉序言》,《唐蘭先生金文論集》,紫禁城出版社 1995 年版。

7. 張亞初、劉雨:《西周金文官制研究》,中華書局 1986 年版。

8. 曾憲通:《"亯"及相關諸字考辨》,《古文字研究》第二十二輯,中華書局 2000 年版。

# 15. 智　　簋

《首陽吉金》第 33 器(第 98 頁)，西周中期(公元前 11 世紀末—前 10 世紀末)

圖一　智簋

圖二　智簋銘文

**【釋文】**

唯四月初吉丙午王

令(命)智易(賜)載(緇)市(韍)冋黃(衡)□□

曰用吏(事)嗣(司)奠(鄭)駒馬弔(叔)

朕(朕)父加(嘉)智曆用赤金

一勺(鈞)用對揚王休乍(作)寶

簋子子孫孫其永寶

**【集釋】**

1. 智：人名，本器作器者。智字見於《説文》："，出气詞也。從曰，象气出形。《春秋傳》曰'鄭太子智'。，籀文智。一曰佩也。象形。"文獻中的智多作"忽"。清代學者阮元、方濬益、吳大澂首先將之釋爲智。近代一些學者從字形上直接隸定爲吝。郭沫若認爲從爪從曰，是扣字，譚戒甫從之。李學勤據曾侯乙墓衣箱中所見的圕作、，而圕見於《説文》，其內部同金文所見字，將隸定爲智。

2. 易(賜)載(緇)市(韍)：載(緇)市，西周册命銘文中常見的賞賜物之一。載，字從韋，弋聲，通紂或緇，《説文》"緇，帛黑色也"；"市"，《説文》"韠也。上古衣蔽前而已，市以象之。天子朱市，諸侯赤市，大夫葱衡。從巾象連帶之形"。緇市是黑色皮製的蔽膝，銘文中還有朱市、赤市等。文獻中，市又稱爲韍、韠、芾、紱等。

3. 冋黃(衡)：西周册命銘文中常見的賞賜物，關於其義，學者有不同説法。郭沫若認爲是珮玉之屬，"黃"讀爲"衡"，即經籍中的"衡"。《禮記·玉藻》"一命緼韍幽衡，再命赤韍幽衡，三命赤韍葱衡"，鄭玄注"衡，佩玉之衡也"。衡又作珩，如《詩經·曹風·候人》"三百赤芾"，毛傳"一命緼芾黝珩，再命赤芾黝珩，三命赤芾葱珩"，可見衡即是珩。郭沫若云"凡言佩玉者多著玉之色，黃言朱黃，幽黃，恩黃……均著其色，則師聚毁之'金黃'，趞曹鼎等之'冋黃'，亦當以金冋著其色，蓋言金色之黃與冋色之黃也"；唐蘭認爲，冋是"莔麻"之莔，即"藚"、"褧"、"絅"、"襟"等字的初文(《詩經·衛風·碩人》、《鄭風·豐》有"衣錦褧衣"，《列女傳》引作"衣錦絅衣"。《禮記·中庸》有"衣錦尚絅",《尚書大傳》作"衣錦尚蘙"。《説文》"褧,襑也。《詩》曰'衣錦褧衣'")。黄,即"衡",指衣帶。同黄指用苘麻製成的帶子。按,由《禮記》來看,因受命級别不同,被册命者所受的"黄"有所不同,不同的顔色反映出佩戴者階層地位的不同。

4. □□:拓片 。張光裕釋爲" 于族",以爲第三字从"㐰",似爲地名;劉雨釋爲"□于旂"。其他學者傾向隸定爲兩字, 和 。

,陳佩芬、日月(謝明文)等釋爲"鋻",即攸勒,并指出此字與康鼎(《集成》2786)之鋻( )結構相同。攸勒即文獻中的鋚革,《詩經·小雅·蓼蕭》"鋚革沖沖",毛傳"鋚,轡也;革,轡首也"。攸即轡;勒,《説文》"馬頭絡衛也",段注作"落衛",落、絡古今字,"落衛者,謂落其頭而衛其口,可控制也",即衛的馬絡頭。郭永秉也隸定爲"鋻",但讀爲《説文·㐰部》之"旒","旌旗之流"。

,黄榆惠認爲與"旒"類似,或爲一種旒類的賞賜物;陳佩芬釋爲"族",指出其中"矢"字稍有模糊,爲大旗,即旂;日月(謝明文)指出此字字形與輔師嫠簋 、獄器 、衛簋 爲同一字,推測應爲車上一種旒的名稱。

5. 用吏(事):常見於西周册命銘文中,一般是在授予官職,賞賜命服或其他物品後,有"用事"之語。學者指出"用事"是在册命時説明職司和賞賜物品後,表達出王勉勵受封受賜者勤於政事之義①。

6. 嗣:即司,意爲治理,後作爲治理一部門的官職名稱,即典籍中的"司寇"、"司馬"、"司空"等。

---

① 張振林:《彝銘中的"日"與"易"……"旂×日用事"鄙見》(稿本),中國古文字研究會第四届年會論文,廣州,1981年。

7. 奠（鄭）：奠，張光裕讀爲"鄭"，認爲此鄭爲姬姓之"奠"，"地處西周王畿附近"；陳英傑提出一說，將"嗣奠□□叔□□"中"□□叔"釋爲人名，"叔"後兩字當爲所"司奠"之物，奠爲奠置、安置之意。

8. 駬馬：張光裕認爲駬字與"駒"、"駱"相似，然暫無法確定是否相關，"駬馬"或許是一種重要的馬種，因此周王任命智去管治鄭地馬政，其官職有可能與"司馬"的職位相若；陳佩芬認爲當隸定爲"駒馬"，《韓非子·顯學》"水擊鵠雁，陸斷駒馬"，駒馬爲馬的總稱。王令智主管鄭地的駒馬，智便是司馬；劉雨釋爲御馬。按，若釋爲"御馬"，則"嗣（司）奠（鄭）御馬"句或可理解爲"司鄭、御馬"，其句式同於柯簋"公……乃令柯嗣三族，爲柯室"①，即管理鄭地、治理馬政。或可將"御馬"理解爲官職，但銘文、文獻中均不見御馬之稱。

9. 弔（叔）朕（朕）父：張光裕暫讀最後一字爲"父"；陳佩芬認爲是"叔朕（朕）尹"，尹是高級官員。她指出"尹"字據字形也可隸定爲"丑"，"叔朕丑"爲人名。按，金文常見的丑字並沒有此字左邊的短豎形，如 ﹝圖﹞（同簋蓋，《集成》4270）。

10. 加（嘉）智曆：加曆，或與金文中常見的"蔑曆"義近。關於蔑曆之意，前人、當代學者解説如下：

阮元釋爲黽勉，謂："古器銘每言'蔑歷'，按其文皆勉力之義，是'蔑歷'即《爾雅》所謂'蠠没'，後轉爲'密勿'，又轉爲'黽勉'。《小雅·十月之交》云'黽勉從事'，《漢書·劉向傳》作'密勿從事'是也。"

孫詒讓釋爲"勞行"，謂："阮説似是而實非也。凡古書雙聲疊韻連語之字，並以兩字連屬爲文，不以它字參厠其間，如云黽勉，不云黽某勉，云蠠没，不云蠠某没，云密勿，不云密某勿也。金刻蔑曆兩字連文者固多，然間有作蔑某曆者……竊謂此二字當各有本義，不必以連語釋之。蔑，勞

---

① 張光裕：《柯簋銘文與西周史事新證》，《文物》2009 年第 2 期。

也,曆即歷之藉字。歷,行也。凡云某蔑曆者猶言某勞于行也,云王蔑某
曆者猶言王勞某之行也。”

于省吾解蔑爲勉勵,曆爲輔佐。“其上對下言某蔑某曆者,蔑與曆都是
動詞,就是某獎勵某輔相之意;其下對上言某蔑曆者,蔑是副詞,曆是動
詞,就是某勉勵贊助之意。”

唐蘭解爲誇美功績。蔑古讀爲末,與伐都是祭部入聲,又都是唇音。
在字義上,蔑和伐在周代古書中常通用。《小爾雅·廣詁》“伐,美也”。曆
讀爲歷,指家庭出身、經歷、閲歷,包括功績。蔑歷即誇耀功績或家室,可
以被君長誇耀,也可本人誇美。

此處銘文爲“加曆”,張光裕理解爲王褒獎和增添智的功績,“加”與
“嘉”通,“嘉”有美善意,故王賞賜智“赤金一鈞”;陳佩芬認爲“加”當釋爲
本字。加,《説文》“語相增加也”。《漢書·百官公卿表》“侍中、左右曹、諸
吏、散騎、中常侍,皆加官,所加或列侯、將軍、卿大夫、將、都尉、尚書、太
醫、太官令至郎中”,“加”是指在原有官職之外,加領其他更高的官職。叔
朕身份是“尹”,有資格加智曆。曆爲功歷。是指王對智賞賜物品和任命
後,叔朕尹又增加對智的功歷,並讓他使用赤金一鈞;晁福林指出“蔑曆”、
“加歷”基本上與嘉勞、庸勳之事無關,也不涉及重大的賞賜(如授土、授民
等),重在以口頭勉勵的形式加强周王與臣下的關係。

11. 用赤金一勻(鈞):用,以。赤金,是西周銘文中常見的賞賜物品。
《説文·金部》:“銅,赤金也。”赤金的單位是鈞,也可是鈑,如柞伯簋“王得
赤金十鈑”(《近出》486)。勻,即鈞,重量單位。鈞,《説文》“三十斤也”。
據學者研究,漢制一斤約合二百五十克,周制應小於漢制。

12. 對揚天子休:金文、傳世文獻中常用語。《詩經·大雅·江漢》“虎
拜稽首,對揚王休”,鄭箋“對,答。休,美。……虎既拜而答王策命之時,稱
揚王之德美,君臣之言宜相成也”。《尚書·説命下》“説拜稽首,曰:‘敢對揚
天子之休命’”,僞孔安國傳“對,答也。答受美命而稱揚之”。對揚多釋爲對
答稱揚。徐中舒認爲對揚是古成語,對答也,揚舉也,象舉酒觶爲敬之形,猶

今人言乾杯也;沈文倬認爲彝銘中對揚不僅有一般通訓意義上的對答稱揚,也有特定意義即視朝錫命之禮的一個禮節。對作爲一種貴族禮儀中的語言形式,即一句或二句簡練的句子。揚是一種貴族禮儀中的動作形象,即趨行,身體小仰,手中持物。對揚是受命之臣拜後起立,仰身趨進,手裏舉起所錫之玉,口喚“敢”、“王休”等短句子,表示接受王的策命並表敬意;林澐、張亞初認爲“對揚”與“奉揚”用法一致,意爲“答受稱揚”。對揚可以在行禮時用,也可以在事後用,它是感激讚美之辭,而並非是關於禮節的描寫。

休,楊樹達認爲不當從鄭箋釋爲“美”,而當釋爲賜與。對揚王休是答揚王的賞賜。休、好古音同,好有賜與之義;唐蘭則指出“休”的本訓是“美”,有賜與之義是因爲賜與總是一番好意。

13. 子子孫孫其永寶: 金文中作器者祈求子孫繁衍不絕的常用語。一般認爲子子孫孫永寶用的意思是作器者希望子孫後代永遠保有器物,鄭剛認爲其意是“器主萬年永遠享用此器的方式是通過子子孫孫來體現的”。

## 【說明】

智在青銅彝銘中均爲人名。傳世有智鼎,同名不同人。關於“智”的“異人同名”現象早爲學者注意,徐中舒《禹鼎的年代及其相關問題》一文中即指出昌壺之昌(徐中舒將“智”釋讀爲“昌”)“作冢司徒于成周八師”與昌鼎之昌“更乃祖考司卜事”、蔡簋提到的“宰昌”、克鐘提到的“士昌”,四人雖同名爲昌,但官職不一,非同一人。張光裕《新見智簋銘文對金文研究的意義》一文清晰地梳理了同名異人之智。下附其表:

| 穆、恭王 | 智簋 | “王令智,易……曰,用吏(事)” | 嗣奠駱馬 |
|---|---|---|---|
| 懿 王 | 智鼎 | “[王]若曰:智,令女更乃且考嗣卜事”(“智”名凡十七見) | 司 徒 |
| | 智尊 | “智乍文考日庚寶尊器” | |
| 孝、夷王 | 吏智爵 | “吏智乍寶尊彝爵” | 吏 |
| | 儠匜 | “乃以告吏睍,史智于會” | 吏 |
| | 克鐘(一) | “王乎士智召克” | 士 |

續　表

| 孝、夷王 | 克鐘(二) | "王乎士智召克" | |
| | 克鐘(三) | "王乎士智召克" | |
| | 智壺蓋 | "井公内(入)右智"<br>"更乃祖考作冢司徒"<br>("智"名凡四見) | 司徒 |
| | 大師盧簋 | "五(按,當作"王")乎宰智易大師盧虎裘" | 宰 |
| | 蔡簋 | "宰智入右蔡,立中廷"<br>("智"名凡二見) | 宰 |
| 厲　王 | 晉侯苏鐘 | "五乎膳夫智召晉侯苏" | 膳　夫 |

除上表所引外,金文中智尚有如下之例:

| 時　　代 | 器名及著録 | 相　關　銘　文 |
| --- | --- | --- |
| 西周早期 | 虫智作旅鼎(《集成》2175) | 虫智作寶旅鼎 |
| 西周早期 | 姞智母鼎(《集成》2330) | 姞智母作畢寶尊鼎 |
| 西周早期 | 叔智簋(《集成》3485) | 叔智作寶簋 |
| 西周早期 | 史智尊(《集成》5815) | 史智作寶彝 |
| 西周早期 | 智尊(《集成》5814) | 智作寶尊彝 |
| 西周中期 | 智卣(《集成》5190) | 智作寶尊彝 |
| 西周晚期 | 師害簋(兩件,《集成》4116、4117) | 麋生(甥)智父師害及仲智以紹其辟 |
| 西周晚期 | 文盨(兩件)① | 王命士智父殷南邦君諸侯 |

　　關於智簋的年代問題,《首陽吉金》認爲智簋的形制和紋飾與西周中期的静簋相似(口沿下均飾長冠迤邐上卷的顧龍紋),斷代爲西周中期。

---

　　① 張光裕:《西周士百父盨銘所見史事試釋》,陳昭容主編:《古文字與古代史》第一輯,"中央研究院"歷史語言研究所 2007 年。李學勤:《文盨與周宣王中興》,《文博》2008 年第 2 期。

　　張光裕指出智簋銘文是關於册命的記述。西周穆王以後的册命銘文等多記録册命地點、册命時間,以及"王各大室"、"即立"、"某(受册者)入門"、"右者"佑某,某立中廷,北向受册命書,反入瑾璋等儀節。而智簋銘文完全未道及册命儀節,因此推斷其早於銘文中具備册命定式的西周中期。且銘文"王令智"後,先述賞賜,再補述任命的記述,很少見於西周中期以後,但卻曾見於昭王時期的郘召簋"王各于大宗,康公右郘召,易戠(織)衣,赤⊖市,曰:用嗣乃且考事,作嗣徒"(《集成》4197)。綜合推斷,智簋應屬於西周中期偏早,介於穆、恭之間的器物。

　　陳佩芬認爲智簋銘文字體用筆圓潤,起至略帶尖鋭,並間有肥筆,行距工整,是西周穆王時代青銅器銘文的常見風格。

　　韓巍認爲智簋銘文是一篇册命銘文,但並不如規範的册命銘文一樣有册命的地點、右者和史官,在周王宣命之後,還出現册命銘文僅見的叔朕父對智的"嘉曆"和賞賜。其器形與趞簋最爲接近,賞賜物中"載市、同黄"與七年趞曹鼎、師全父鼎相同,而二者年代爲恭、懿時,因此可定爲恭王時器。

## 【參考文獻】

　　1. 張光裕:《新見智簋銘文對金文研究的意義》,《文物》2000 年第 6 期,又收入《雪齋學術論文二集》,藝文印書館 2004 年版。

　　2. 黄榆惠:《智簋》,沈寶春主編:《〈首陽吉金〉選釋》,麗文文化出版社 2009 年版。

　　3. 日月(謝明文):《金文札記四則》,復旦大學出土文獻與古文字研究中心,2009 年 4 月 18 日 http://www.gwz.fudan.edu.cn/SrcShow.asp?Src_ID=752。

　　4. 陳佩芬:《再議智簋》,《中國古代青銅器國際研討會論文集》,上海博物館、香港中文大學文物館 2010 年版。

　　5. 汪濤:《智簋銘文中的"赤金"及其相關問題》,《中國古代青銅器國際研討會論文集》,上海博物館、香港中文大學文物館 2010 年版。

　　6. 郭永秉:《談古文字中的"要"字和從"要"之字》,《古文字研究》第二十八輯,中華書局 2010 年版。

　　7. 陳英傑:《讀〈首陽吉金〉札記》,《文字與文獻研究叢稿》,社會科學文獻出版社 2011 年版。

　　8. 韓巍:《親簋年代及相關問題》,朱鳳瀚主編:《新出金文與西周歷史》,上海古籍出版社 2011 年版。

　　9. 劉雨、嚴志斌:《近出殷周金文集録二編》,中華書局 2010 年版。(器號 432)

　　10. 譚戒甫:《西周"旨"器銘文綜合研究》),《中華文史論叢》第三輯,中華書局 1963 年版。

　　11. 李學勤:《論曶鼎所反映的西周制度》,《中國史研究》1985 年第 1 期。

　　12. 孫常敘:《曶鼎銘文通釋》,《孫常敘古文字學論集》,東北師範大學出版社 1998 年版。

　　13. 徐中舒:《禹鼎的年代及其相關問題》,《考古學報》1959 年第 3 期。

　　14. 郭沫若:《金文餘釋·釋黄》,《郭沫若全集》考古編第五卷,北京科學出版社 2002 年版。

　　15. 陳夢家:《釋市》,《西周銅器斷代》,中華書局 2004 年版,第 431—434 頁。

　　16. 唐蘭:《毛公鼎"朱韍、葱衡、玉環、玉瑹"新解》,《唐蘭先生金文論集》,紫禁城出版社 1995 年版。

　　17. 阮元:《積古齋鐘鼎彝器款識》卷五"臤尊",商務印書館 1937 年版,第 253 頁。

　　18. 孫詒讓:《古籀拾遺》卷中"臤尊",清光緒十四年自刻本。

　　19. 于省吾:《釋"蔑曆"》,《東北人民大學人文科學學報》1956 年第 2 期。

　　20. 趙光賢:《釋"蔑歷"》,《古史考辨》,北京師範大學出版社 1987 年版。

　　21. 唐蘭:《"蔑曆"新詁》,《唐蘭先生金文論集》,紫禁城出版社 1995

年版。

22. 晁福林:《金文蔑曆與西周勉勵制度》,《歷史研究》2008 年第 2 期。

23. 楊五銘:《西周金文聯結詞"以"、"用"、"于"釋例》,《古文字研究》第十輯,中華書局 1983 年版。

24. 趙誠:《甲骨文至戰國金文"用"的演化》,《語言研究》1993 年第 2 期。

25. 楊樹達:《詩對揚王休解》,《積微居小學述林》卷六,中華書局 1983 年版。

26. 唐蘭:《論彝銘中的"休"字》,《唐蘭先生金文論集》,紫禁城出版社 1995 年版。

27. 沈文倬:《對揚補釋》,《考古》1963 年第 4 期。

28. 沈文倬:《有關〈對揚補釋〉的幾個問題——答林澐、張亞初二同志的質疑》,《杭州大學學報》1981 年第 3 期。

29. 林澐、張亞初:《〈對揚補釋〉質疑》,《考古》1964 年第 5 期。

30. 鄭剛:《古文字資料所見疊詞研究》,《中山大學學報》1996 年第 3 期。

# 16. 芮 伯 簋

《首陽吉金》第 34 器（第 100 頁），西周中期（公元前 11 世紀末—前 10 世紀末）

圖一　芮伯簋

蓋銘　　　器銘

圖二　芮伯簋銘文

【釋文】

（器蓋同銘）

芮白（伯）乍（作）旝（旂）

公日寶簋

【集釋】

1. 芮白（伯）：芮，金文作“内”，吳大澂《愙齋集古錄》首釋其爲

"芮"。一般認爲此芮即是指姬姓芮國。《左傳》昭公九年周天子使詹桓伯辭於晉,有言"我自夏以后稷,魏、駘、芮、岐、畢,吾西土也……",杜預注"在夏世以后稷功,受此五國,爲西土之長"。關於芮國的史事,有商末虞芮質厥成、文王受命的説法,事見《詩經·大雅·綿》和《史記·周本紀》。《書序》記武王克商後,"巢伯來朝,芮伯作《旅巢命》"。《尚書·顧命》記載,成王臨終前,"召太保奭、芮伯、彤伯、畢公、衛侯、毛公、師氏、虎臣、百尹、御事",太保以下六人,皆當時重臣,而芮伯地位僅次於太保奭。西周晚期厲王無道,《詩經·大雅·桑柔》序云"《桑柔》,芮伯刺厲王也",《左傳》文公元年也記載了秦伯引芮良夫詩事。《逸周書·芮良夫解》記錄了芮良夫勸諫周厲王事,《竹書紀年》記載芮良夫誡百官於朝,《清華大學藏戰國竹簡》(叁)有《芮良夫毖》篇,也記載了芮良夫告誡同僚之事。

春秋初期芮國史事主要見《左傳》:魯桓公三年(公元前 709),芮伯萬之母芮姜逐芮伯,芮伯出居於魏;桓公四年秋,秦國侵芮,冬,秦人與王師圍魏,執芮伯;桓公九年,虢仲、芮伯、梁伯、荀侯、賈伯伐曲沃;桓公十年秋,秦人納芮伯萬於芮。之後在秦德公元年(公元前 677),秦德公初居雍城大鄭宫,祠鄜畤時,芮伯和梁伯來朝。秦成公元年(公元前 663),芮伯、梁伯再次來朝。此時芮國地位明顯下降,文獻記述時均將"梁伯"置於"芮伯"之前。秦穆公二十年(公元前 640),芮和梁同爲秦所滅,事見《史記·秦本紀》。

伯,《説文》、《爾雅·釋詁》均謂"伯,長也"。《詩經·周頌·載芟》"侯主侯伯",毛傳云:"伯,長子也。"金文中的"伯",有的是排行,即伯仲叔季之伯;有的是爵稱,如"某伯"之稱,王世民指出"西周金文之伯,大體屬於文獻記載較少的一些小國,有的應是畿内封君",如西周時期的榮伯、散伯、夷伯等,春秋時期的鄭伯、杞伯等。[①] 此外,有些稱侯的國君在未即位前,或依照排行稱爲伯,即位後改稱侯,如山西曲沃北趙晉侯墓出土伯喜父簋"隹正月初吉丁亥伯喜父肇作仲母寶簋,用

---

① 王世民:《西周春秋金文中的諸侯爵稱》,《歷史研究》1983 年第 3 期。

夙夜享孝于王宗"①,晉侯喜父盤"隹五月初吉庚寅,晉侯喜父作朕文考剌侯寶盤"(《新收》905),伯喜父應即晉侯喜父,伯喜父是即位前的稱呼,即位後改稱侯。又如覞公簋"王令唐伯侯于晉",此唐伯當爲晉始封君叔虞之子燮父封侯之前的稱呼。

2. 旝(旂)公:蕭雁菁、馮時、韓巍將"旝"隸定爲"旝",即"祈"。山東黃縣(今龍口市)莊頭村 1 號墓出土的兩件芮公叔簋銘文作"内(芮)公叔作旝(祈)宮寶簋"。蕭雁菁認爲祈公可能是芮伯的祖先,芮公叔簋提到的祈宮應爲祈公的宮廟;馮時指出"祈"是謚號,祈公身份爲"芮伯婦公",是芮伯弔喪於祈宮而爲其作祭器;韓巍也認爲祈是謚稱,"祈公"是芮伯和芮公叔二人之父,生前稱爲"芮公"。按,新見芮公叔盤提到"王至于祈"(《銘文暨圖像集成》14514),或許説明祈公是芮國歷史上顯赫的君主,爲他而建的宗廟祈宮非常重要。

3. 日:蕭雁菁指出"日"當同癲鐘"癲其萬年永寶日鼓"、小克鼎"克其日用"之"日",即每日之義;馮時認爲當表示日名,只是不見天干;陳英傑也認爲是奪脱了天干。

## 【説明】

關於芮伯簋的時代,《首陽吉金》參考 1961 年陝西長安張家坡窖藏所出穆王時期的孟簋,指出孟簋形制、紋飾與芮伯簋相似,因此定芮伯簋的年代爲西周中期。張懋鎔比較了銘文中"公"、"寶"、"簋"字的寫法風格,認爲當在昭王至穆王前期。馮時分析了山東黃縣莊頭村 M1 所出熊奚方壺銘文"能(熊)奚作寶壺",指出熊奚蓋即楚子熊繹之子熊艾。熊繹,《史記·楚世家》記載"楚子熊繹與魯公伯禽、衛康叔子牟、晉侯燮、齊太公子吕伋俱事成王",熊艾年代當康昭時期,又據芮伯簋的形制及紋飾判斷,芮伯簋當爲昭王後期器。

---

① 李伯謙:《晉伯卣及其相關問題》,《中國古代青銅器國際研討會論文集》,上海博物館、香港中文大學文物館 2010 年版。

## 【附録】

一、芮國器列表

| 名　稱 | 時　代 | 銘　　文 | 備　　注 |
|---|---|---|---|
| 芮姞簋 | 西周早期後段 | 芮姞作旅簋，⋈。 | 《新收》1665；現藏臺北故宮博物院 |
| 芮公叔盤 | 西周早期後段 | 唯十又一月，王至于㡭（祈），芮公錫貝百朋，芮婣（姒）錫貝卅朋。芮公叔用作芮少婣（姒），孫子㣓（永）寶。 | 《銘文暨圖像集成》14514 |
| 芮公叔簋（2件；器蓋同銘） | 西周早期後段或中期前段 | 芮公叔作㡭（祈）宫寶簋。 | 《山東黄縣莊頭西周墓清理簡報》①，1980 年山東黄縣莊頭村西周墓出土；現藏龍口市博物館 |
| 芮公簋 | 西周早期後段或中期前段 | 芮公爲㡭（祈）宫寶簋。 | 《銘文暨圖像集成》4432；現藏新加坡亞洲文明博物館 |
| 芮公簋 | 西周早期後段或中期前段 | 芮公爲㡭（祈）宫寶簋。 | 《銘文暨圖像集成》4433；私人收藏 |
| 芮伯簋蓋 | 西周早期後段或中期前段 | 芮伯作㡭（祈）公日寶簋。 | 《銘文暨圖像集成》4434；私人收藏 |
| 芮公簋（2件） | 西周中期前段 | 芮公作鑄子䇘寶簋，子子孫孫永寶用享。 | 同坑出土 2 件，形制、紋飾、銘文相同，大小基本相同；《銘文暨圖像集成》4825、4826；私人收藏 |
| 芮叔鼎 | 西周中期 | 芮叔作鼎。 | 《集成》1924；僅存著録 |
| 芮伯簋（器蓋同銘） | 西周中期 | 芮伯作㡭（祈）公日寶簋。 | 《首陽吉金》第 100 頁；首陽齋 |

---

① 王錫平、唐禄庭：《山東黄縣莊頭西周墓清理簡報》，《文物》1986 年第 8 期。

續　表

| 名　稱 | 時　代 | 銘　文 | 備　注 |
|---|---|---|---|
| 芮伯壺(器蓋同銘) | 西周中期後段 | 芮伯戏(肇)作釐公尊彝。 | 《集成》9585；清咸豐年間出土；現藏中國文物信息咨詢中心 |
| 芮公鬲 | 西周晚期 | 芮公作鑄京氏婦叔姬勝鬲，子子孫孫永用享。 | 《集成》711；現藏美國舊金山亞洲美術博物館(布倫戴奇藏品) |
| 芮公鬲 | 西周晚期 | 芮公作鑄京氏婦叔姬勝，其子子孫孫永寶用享。 | 《集成》712；現藏上海博物館 |
| 芮公鬲 | 西周晚期 | 芮公作鑄京仲氏婦叔姬勝鬲，其子子孫孫永寶用。 | 《集成》743 |
| 芮伯鬲 | 西周晚期 | 芮伯作旅鬲。 | 《銘文暨圖像集成》2708；1988 年陝西延長縣安溝鄉岔口村出土①；現藏延長縣文物管理所 |
| 芮叔鬲 | 西周晚期 | 芮叔作旅鬲。 | 《銘文暨圖像集成》2741；陝西延安地區出土；現藏延安市文物研究所 |
| 芮伯多父簋(器蓋同銘) | 西周晚期 | 芮伯多父作寶簋，用享于皇祖文考，用錫眉壽，其萬年子子孫孫永寶用享。 | 《集成》4109 |
| 芮叔窿父簋 | 西周晚期 | 芮叔窿父作寶簋，用享用孝，用錫眉壽，子子孫孫永寶用。 | 《集成》4065.2；1978 年 4 月陝西武功縣蘇坊鎮任北村西周銅器窖藏出土；現藏武功縣文物管理委員會 |
| 芮叔窿父簋 | 西周晚期 | 芮叔窿父作寶簋，用享用孝，用錫眉壽，子子孫孫永寶用。 | 《集成》4066.2；1978 年 4 月陝西武功縣蘇坊鎮任北村西周銅器窖藏出土；現藏武功縣文物管理委員會 |

---

① 曹瑋：《陝北出土青銅器》，巴蜀書社 2009 年版，第 62 頁。

| 名　稱 | 時　代 | 銘　文 | 備　注 |
|---|---|---|---|
| 芮叔㡙父簋 | 西周晚期 | 芮叔㡙父作寶簋，用享用孝，用錫眉壽，子子孫孫永寶用。 | 《集成》4067.2；1978 年 4 月陝西武功縣蘇坊鎮任北村西周銅器窖藏出土；現藏武功縣文物管理委員會 |
| 芮伯尊 | 西周晚期 | 芮伯妓作盠公尊彝。 | 《西周芮國器探論》① |
| 芮公鐘 | 春秋早期 | 芮公作從鐘，子孫永寶用。 | 《集成》31；現藏臺北故宮博物院 |
| 芮公鐘鈎 | 春秋早期 | 芮公作鑄從鐘之鈎。 | 《集成》32；現藏中國國家博物館 |
| 芮公鐘鈎 | 春秋早期 | 芮公作鑄從鐘之鈎。 | 《集成》33 |
| 芮公鬲 | 春秋早期 | 芮公作鑄鬲，子子孫孫永寶用享。 | 《陝西韓城梁帶村遺址 M19 發掘簡報》(M19. 261)②；現藏陝西省考古研究院 |
| 芮公鼎 | 春秋早期 | 芮公作鑄從鼎，永寶用。 | 《集成》2387；現藏臺北故宮博物院 |
| 芮公鼎 | 春秋早期 | 芮公作鑄從鼎，永寶用。 | 《集成》2388；現藏臺北故宮博物院 |
| 芮公鼎 | 春秋早期 | 芮公作鑄從鼎，永寶用。 | 《集成》2389；現藏瑞典斯德哥爾摩遠東古物館 |
| 芮公鼎 | 春秋早期 | 芮公鑄飤鼎，子孫永寶用享。 | 《集成》2475；日本東京出光美術館 |
| 芮公簋 | 春秋早期 | 芮公作鑄從簋，永寶用。 | 《集成》3707 |

①　羅仕宏：《西周芮國器探論》，《文字的俗寫現象與多元化：第十七屆中國文字學全國學術研討會論文集》，臺北聖環出版社 2006 年版。
②　陝西省考古研究院、渭南市文物保護考古研究所、韓城市文物旅遊局：《陝西韓城梁帶村遺址 M19 發掘簡報》，《考古與文物》2007 年第 2 期。

| 名　稱 | 時　代 | 銘　　文 | 備　　注 |
|---|---|---|---|
| 芮公簠 | 春秋早期 | 芮公作鑄從簠,永寶用。 | 《集成》3708;現藏臺北故宮博物院 |
| 芮公簠 | 春秋早期 | [芮]公[作]鑄從簠,永寶用。 | 《集成》3709 |
| 芮公簠(6件) | 春秋早期 | 芮公作爲旅簠。 | 《陝西韓城梁帶村遺址 M27 發掘簡報》①(M27.1007、1008、1012、1015、1023);現藏陝西省考古研究院 |
| 芮公簠 | 春秋早期 | 芮公作鑄寶匜(簠),子孫永寶用享。 | 《集成》4531;僅存著録② |
| 芮公壺 | 春秋早期 | 芮公作鑄從壺,永寶用。 | 《集成》9596;現藏北京故宮博物院 |
| 芮公壺 | 春秋早期 | 芮公作鑄從壺,永寶用。 | 《集成》9597;現藏臺北故宮博物院 |
| 芮公壺 | 春秋早期 | 芮公作鑄從壺,永寶用。 | 《集成》9598;現藏北京故宮博物院 |
| 芮太子白鬲 | 春秋早期 | 芮太子白作爲萬寶鬲,子子孫孫永保用享。 | 《銘文暨圖像集成》2898;2005 年 12 月陝西韓城市昝村鎮梁帶村春秋墓(M26.131)出土;現藏陝西省考古研究院 |
| 芮太子白鬲 | 春秋早期 | 芮太子白作爲龕父寶鬲,子子孫孫永保用享。 | 《銘文暨圖像集成》2899;2005 年 12 月陝西韓城市昝村鎮梁帶村春秋墓(M26.149)出土;現藏陝西省考古研究院 |

---

　　①　陝西省考古研究院、渭南市文物保護考古研究所、韓城市文物旅遊局:《陝西韓城梁帶村遺址 M27 發掘簡報》,《考古與文物》2007 年第 6 期。
　　②　宋咸平年間同州民湯善德獲於河濱,藏於宋内府,吳鎮烽指出當時同州轄今韓城,當出自韓城梁帶村。

| 名　稱 | 時　代 | 銘　文 | 備　注 |
|---|---|---|---|
| 芮太子鬲 | 春秋早期 | 芮太子作鑄鬲,子子孫孫永保用享。 | 《芮國金玉選粹》①83;2006年5月陝西韓城市呰村鎮梁帶村春秋墓(M26.147)出土;現藏陝西省考古研究院 |
| 芮太子白鬲 | 春秋早期 | 芮太子白作爲萬寶鬲,子子孫孫永保用享。 | 《芮國金玉選粹》82;2006年5月陝西韓城市呰村鎮梁帶村春秋墓(M26.148)出土;現藏陝西省考古研究院 |
| 芮太子白鬲 | 春秋早期 | 芮太子白作爲萬寶鬲,子子孫孫永保用享。 | 《陝西韓城梁帶村遺址M26發掘簡報》②;現藏陝西省考古研究院 |
| 芮太子鬲 | 春秋早期 | 芮太子作鑄鬲,子子孫孫永寶用享。 | 《銘文暨圖像集成》2896;《金玉華年》③第232頁113.1;2005年12月陝西韓城市呰村鎮梁帶村春秋墓(M19.258)出土;現藏陝西省考古研究院 |
| 芮太子鬲 | 春秋早期 | 芮太子作鑄鬲,子子孫孫永寶用享。 | 《銘文暨圖像集成》2897;2005年12月陝西韓城市呰村鎮梁帶村春秋墓(M19.259)出土;現藏陝西省考古研究院 |
| 芮太子鬲 | 春秋早期 | 芮太子作鑄鬲,子子孫孫永寶用享。 | 《陝西韓城梁帶村遺址M19發掘簡報》(M19.260);現藏陝西省考古研究院 |

---

①　孫秉君、蔡慶良:《芮國金玉選粹——陝西韓城春秋寶藏》,三秦出版社2007年版。
②　陝西省考古研究院、渭南市文物保護考古研究所、韓城市文物旅遊局:《陝西韓城梁帶村遺址M26發掘簡報》,《文物》2008年第1期。
③　陝西省考古研究院、上海博物館:《金玉華年》,上海書畫出版社2012年版。

| 名　稱 | 時　代 | 銘　　文 | 備　　注 |
|---|---|---|---|
| 芮太子鼎 | 春秋早期 | 芮太子作鑄鼎，子孫永用享。 | 《集成》2448；現藏上海博物館 |
| 芮太子鼎 | 春秋早期 | 芮太子作鑄鼎，子孫永用享。 | 《集成》2449 |
| 芮太子白鼎 | 春秋早期 | 芮太子白作鼎，其萬年子孫永用。 | 《集成》2496；現藏天津博物館 |
| 芮子仲歔鼎 | 春秋早期 | 芮子仲歔（撥）肇作叔媿尊鼎，子子孫孫永寶用。 | 《集成》2517；現藏上海博物館 |
| 芮子仲鼎 | 春秋早期 | 芮子仲作旅鼎，永寶用享。 | 《近年新出現的銅器銘文》①；私人收藏 |
| 芮子仲歔鼎 | 春秋早期 | 芮子仲歔（撥）肇作叔媿尊鼎，子孫萬年其永寶用。 | 《銘文暨圖像集成》2125 |
| 芮太子白簠 | 春秋早期 | 芮太子白作匜（簠），其萬年子子孫永用。 | 《集成》4537；現藏北京故宮博物院 |
| 芮太子白簠 | 春秋早期 | 芮太子白作匜（簠），其萬年子子孫永用。 | 《集成》4538；現藏北京故宮博物院 |
| 芮太子白壺 | 春秋早期 | 芮太子白作鑄寶壺，萬子孫永用享。 | 《集成》9644 |
| 芮太子白壺 | 春秋早期 | 蓋銘：芮太子白作鑄寶壺，萬子孫永用享。器銘：芮太子白作鑄寶壺，子子孫永用餐（享）。 | 《集成》9645；現藏臺北故宮博物院 |
| 芮大乜攴戈 | 春秋晚期 | 芮大乜攴□之造。 | 《集成》11203 |
| 芮公戈 | 春秋戰國時期 | 入（内、芮）公戈。 | 《集成》10973；僅存著録 |

---

① 吴鎮烽：《近年新出現的銅器銘文》，《文博》2008 年第 2 期。

除上表所列芮國器外,與芮有關的器物尚有:西周中期器霸簋"芮公舍霸馬兩、玉、金,用鑄簋"(《銘文暨圖像集成》4609),榮仲方鼎"榮仲速芮伯、 戠侯、子"①。1978 年發現的陝西武功縣任北村西周銅器窖藏中,戠叔戠姬簋蓋(《集成》4065.1、4066.1、4067.1)均分別蓋在三件芮叔隩父簋上,其銘文作"戠叔戠姬作伯媿媵簋,用享孝于其姑公,子子孫孫其萬年永寶用"。

## 【參考文獻】

1. 蕭雁菁:《芮伯簋》,沈寶春主編:《〈首陽吉金〉選釋》,麗文文化出版社 2009 年版。

2. 馮時:《芮伯簋銘文研究》,《中國古代青銅器國際研討會論文集》,上海博物館、香港中文大學文物館 2010 年版。

3. 張懋鎔:《首陽齋藏金兩議》,《中國古代青銅器國際研討會論文集》,上海博物館、香港中文大學文物館 2010 年版。

4. 韓巍:《新出金文與西周諸侯稱謂的再認識——以首陽齋藏器爲中心的考察》,"二十年來新見古代中國青銅器國際學術研討會:首陽齋藏器及其它"(芝加哥大學),2010 年 11 月。

5. 韓巍:《讀〈首陽吉金〉瑣記六則》,《新出金文與西周歷史》,上海古籍出版社 2011 年版。

6. 陳英傑:《讀〈首陽吉金〉札記》,《文字與文獻研究叢稿》,社會科學文獻出版社 2011 年版。

7. 羅仕宏:《西周芮國器探論》,《文字的俗寫現象與多元化:第十七屆中國文字學全國學術研討會論文集》,臺北聖環出版社 2006 年版。

8.《梁帶村芮國墓地——2007 年度發掘報告》,文物出版社 2010 年版。

---

① 李學勤:《試論新發現的坂方鼎和榮仲方鼎》,《文物》2005 年第 9 期。

# 17. 龍 紋 盤

《首陽吉金》第 35 器（第 104 頁），西周中期（公元前 11 世紀末—前 10 世紀末）

圖一　龍紋盤

圖二　龍紋盤銘文

【釋文】
　　隹（唯）三月初吉丁亥王才（在）
　　莽各（格）大室易（賜）玄衣肃

屯(純)截(緇)市幽黄絲(鑾)赤旂五日

雁(膺)旟用事☒敢對揚天

子休用乍朕文考幽公𣪘

姬寶尊般(盤)子子孫孫其永寶

## 【集釋】

1. 隹(唯)三月初吉丁亥：初吉，月相詞彙。王國維提出四分月相説，認爲"古者蓋分一月之日爲四分：一曰初吉，謂自一日至七八日也；二曰既生霸，謂自八九日以降，至十四五日也；三曰既望，謂十五六日以後，至二十二三日；四曰既死霸，謂自二十三日以後，至於晦也"。陳夢家則認爲"初吉"即朏，指每月初三日。《説文》"朏，月未盛之明"，《尚書·召誥》"惟丙午朏"，孔安國傳"明也。月三日明生之名"；董作賓認爲"初吉"是朔，指每月的初一日；唐蘭認爲初吉是初一至初十的十天裏所遇到的吉日；黄盛璋指出"初吉"就是初干吉日之意；劉雨指出"初吉"就是"首善"、"大吉"之義。

丁亥，干支記日法。王国維認爲"古人鑄器多用丁亥，諸鐘銘皆其證也"，是説銘文多記載古人在丁亥日鑄器。丁亥或非實指。

2. 王才(在)莽各(格)大室：莽，地名。關於其地望，有鎬京、豐京、鎬京附近三種説法。清人方濬益最初提出莽是《詩經·小雅·出車》"往城于方"、《六月》"侵鎬及方"之方，莽與方爲古今字；王國維認爲鎬即是《詩經》中的方，地在太原一帶，而莽在蒲坂；吴大澂在《説文古籀補附録》中指出莽京當爲鎬京；郭沫若在釋臣辰盉時指出旁爲旁之古文，莽爲旁之繁文，旁、豐古音可通，莽京與宗周比鄰，莽京即豐京；陳夢家指出"金文鎬京之鎬作莽"，理由是《詩》《書》稱豐爲豐邑，而鎬稱京；唐蘭認爲尹卣"王初䢃旁"與小臣静彝之"王宛莽京"、作册麥尊"迨王䢃莽京"文例同，因此莽即䢃。鎬古作葊，《詩經·大雅·文王有聲》"鎬京辟廱"，作册麥尊"迨王䢃莽京，彭祀，雩若翊日，在辟雍"，可見鎬與莽爲同地。他指出"鎬及方之所以稱鎬京或莽京者，總言之爲京或京師；析言之，爲鎬及方，是蓋其子邑也";劉雨也認爲莽京是鎬京附近之地;王玉哲認爲古代城市的發展多横跨河水兩岸,或者由水的一岸,發展擴大到對岸。具體到鎬京,渭水北岸的鎬京發展擴大,到達南岸的方(或莽),因此有莽京,成爲擴大的鎬京的一部分。擴大的鎬京包含渭水南北兩岸,就是所謂"宗周"。

莽字在金文中,可用爲人名,如叔莽父鼎(《集成》2511);也可用爲地名,如戒鬲"戒作莽館明尊彝"(《集成》566),卯簋蓋"莽宫"、"莽人"(《集成》4327)。但用法多爲"王在莽京"、"王在莽京某宫"、"王饗莽京"等。本銘"王在莽,各大室"句,與弭叔師察簋"王在莽,各于大室"(《集成》4253)類似。

各,至。大室,即太室。《尚書·洛誥》"王入太室,祼",孔穎達疏"太室,室之大者,故爲清廟,廟有五室,中央曰太室"。《左傳》作"大室",《穀梁傳》文公十三年"大室猶世室也"。戴震《明堂考》"王者而後有明堂,其制蓋起於古遠。夏曰世室,殷曰重屋,周曰明堂,三代相因,異名同實"。大室與明堂名異而實同,爲王者祭祀與布政之宫。

3. ![字形],郭研伶指出該字字形頗似"宸",然"宸"上半部多作" ![字形] "形,與此字不合;李零釋爲"奠",指出其與通常所見"奠"字不太一樣;韓巍亦釋爲"奠"。奠,作爲人名,如師奠父簋( ![字形] 《集成》3706)。奠,《說文》"周垣也"。

4. 玄衣:衣爲西周金文常見賞賜物,衣有玄衣、戠衣、褐衣等。玄,《說文》"黑而有赤色者爲玄",玄衣即是一種黑色的衣服。

5. 黹屯(純):金文常見的賞賜物。銘文中玄衣、黹屯(純)常常連用。屯,純之省。孫詒讓認爲黹屯就是《尚書·顧命》"敷重篾席,黼純,華玉仍几"中的"黼純",孔穎達疏"《考工記》云'白與黑謂之黼',《釋器》云'緣謂之純'。知黼純是白黑雜繒緣之,蓋以白繒黑繒錯雜彩以緣之"。黼,《說文》"白與黑相次文";純,《廣雅·釋詁》"純,緣也"。黹屯是指在衣緣裝飾以黑白相間的紋飾,玄衣黹屯,是說玄色的衣服,用黹紋裝飾它的邊緣。

6. 㦰(緇)市: 西周册命銘文中常見的賞賜物,即文獻中的緇韠、爵韠。㦰字从㣇,戈聲,通紂或緇,《説文》"緇,帛黑色也",金文又作載。郭沫若指出"載爲爵(雀)色韋,故載市即爵韠,載弁即爵弁……以韋爲之謂之載,以絲爲之謂之緇,字異而義同。故載市即雀色皮革所爲之市";市,《説文》"韠也,上古衣蔽前而已,市以象之。天子朱市,諸侯赤市,大夫葱衡。从巾像連帶之形"。緇市是黑色皮製的蔽膝。銘文中還有朱市、赤市等。

7. 幽黃: 幽,即黝,《説文》,"微青黑色"。黃,學者有不同的理解:郭沫若認爲是珮玉之屬,"黃"讀爲"衡",即經籍中的"衡"。《禮記·玉藻》"一命緼韍幽衡,再命赤韍幽衡,三命赤韍葱衡",鄭注"衡,佩玉之衡也"。衡又作珩,如《詩經·曹風·候人》"三百赤芾",毛傳"一命緼芾黝珩,再命赤芾黝珩,三命赤芾葱珩",可見衡即是珩。郭沫若云"凡言佩玉者多著玉之色,黃言朱黃,幽黃,悤黃……均著其色,則師㝬段之'金黃',趙曹鼎之'同黃',亦當以金同著其色,蓋言金色之黃與同色之黃也"。唐蘭認爲黃即"衡",指繫韍的衣帶。"'韍'上的'衡'是繫'韍'的'帶',它可多到五道,可以用苘麻織成,也可以絲織,染成葱、幽、金、朱等色。我們可以再進一步斷定,這就是秦漢時代的'綬'。"陳夢家認爲"'黃'是整套命服的一部分","加於'黃'前的朱、赤、悤、幽等都是帛的顏色"。

8. 絲(鑾)赤旂五日: 鑾旂爲金文常見賞賜物,旂即旗。旗常用於戰爭、田獵和禮儀,且多有修飾。《説文》"旂,旗有衆鈴以令衆也"。鑾,《廣雅·釋器》"鈴也",《説文》"鑾,人君乘車,四馬鑣,八鑾鈴,象鸞鳥聲,和則敬也"。陳夢家指出,鑾旂爲有鑾鈴之旂,猶有鈴之刀爲鸞刀。鑾旂即指懸鈴之旗。

日,繪畫在旗上的太陽。金文中在所賜的鑾旂或旂後往往有四日、五日等説明旗幟圖案的詞彙,如㝬伯師耤簋"鑾旂五日"(《集成》4257),師道簋"旂五日"(《新收》1394)。或許是旗上所畫的日形。[①]　但本銘"鑾亦旂

---

① 張政烺:《王臣簋釋文》,《四川大學學報叢刊》第十輯,1982年。

五日"的用法則是首見,應當是繪有五面太陽的赤色懸鈴之旃。

9. 雁(膺)█,用事:█,袁國華認爲"雁█"位於"鑾赤旃五日"與"用事"之間,與金文中常見的銮勒的位置相同,其意當與銮勒意思相近。█或讀若羈,是"套住馬口的嘴套",亦即"没有嚼口的馬絡頭",同銮勒一樣都是御馬之具;吴鎮烽隸定爲"𩍱";陳英傑隸定爲"𩏶(鉤)"。

用事,金文習語,在册命銘文中,"用事"一辭大多用於説明官司、予以命服、賞賜物品之後,爲任用之義,王或上級勉勵受封受賜者勤於政事。

10. 朕文考幽公、伎姬:文爲修飾語;考是周人對過世父親的稱呼;幽公爲作器者之父,幽爲謚稱;伎姬爲作器者之母。袁國華認爲伎應爲姬姓女子,幽公之妻。他指出按照金文習慣,伎姬前一般有修飾語"文母",但本銘徑稱"文考幽公、伎姬"。按,其例同如不嬰簋"用作朕皇祖公伯、孟姬尊簋"(《集成》4328)、衛鼎"衛作文考小仲、姜氏盂鼎"(《集成》2616),爲共用修飾語。韓巍認爲伎即《左傳》僖公二十四年所記"凡、蔣、邢、茅、胙、祭,周公之胤也"中的胙,同柞伯簋、柞伯鼎中的"柞"以及春秋時期鄧桑生匜(《集成》10228)的"桑"一樣均爲胙氏氏名的不同寫法。

## 【説明】

《首陽吉金》説明中指出"盤内有銘文一篇,疑後刻",但未提供證據。

郭研伶舉出此銘中寶、雁、隹、嗇、截、揚等字體寫法與通常寫法不同,認爲"其文字雖大部分仿擬西周中期之體,然間或可見上至晚商,下迄戰國者,且盤銘内容雖符合一般西周中期賞賜文例及制度,然受封贈之█未有其字,不知何人,又'作文考幽公伎姬寶尊盤'一語,幽公未明何人,而此處文例亦不合,是其破綻,故文字應爲後刻無誤"。按,本銘所稱"文考幽公、伎姬"雖不是典型金文體例,但並非不見於西周銘文,如上舉衛鼎等,因此以祖考前修飾語有異而判斷銘文爲後刻,證據並不充分。

陳英傑認爲此銘中█、雁、莽等寫法比較怪異,"在某些字形上故意求異,有的甚至寫錯,如'朕'、'雁'。因此,我們認爲此銘爲偽銘"。

袁國華則針對郭研伶的觀點,提出不同意見。他指出郭文所舉對比之字形,除陳侯因齊敦屬戰國中期,年代較晚外,其餘全爲西周早期至晚期字形,"應無法得到作者所言'龍紋盤'銘文經比對後,知'其文字雖大部分仿擬西周中期之體,然間或可見上至晚商,下迄戰國者'的結論",並且文中所舉陳侯因齊敦中"揚"之字形與龍紋盤中字形相去甚遠,不能得出龍紋盤銘仿照陳侯因齊敦中"揚"字而來的結論。對於《〈首陽吉金〉選釋》所提出的龍文盤銘中幽公不知何人,且以幽爲諡的論點,他指出以幽爲諡者在金文中並不少見,如叔向父禹簋、珂生簋等。《〈首陽吉金〉選釋》還指出銘文中"伐姬"之稱不合慣例,袁國華則認爲青銅銘文中有不加美稱於先祖名諱前的例子,如散車父壺"散車父作皇母醒姜寶壺",而散氏車父壺則作"散氏車父作醒姜尊壺",因此加美稱與不加並沒有區別。他認爲斷定龍紋盤銘文爲後刻的證據並不充分。

韓巍認爲此器"從拓片看來,銘文字口清晰,筆劃有力,結構疏朗,行列整齊,屬于恭懿時期常見的風格;內容是周王對'奐'的賞賜,結構、用語均與常見的冊命賞賜類銘文相符,所賜物品大多是冊命銘文中常見的命服,但'膺'一物爲前所未見。總體看來,這篇銘文不像是偽作,應有其研究價值"。他還指出"奐盤銘文屬於西周中晚期常見的冊命類銘文,但銘文中沒有出現擔任引導、相禮的'右者',沒有代周王宣讀命書的史官,也沒有具體職務的任命,只有命服的賞賜。像這種無職務任命而只有命服賞賜的情況,以往在冊命銘文中並不少見……不過大部分"冊賜"類銘文還是會出現右者和史官。完全不見右者和史官的冊命銘文爲數不多……奐盤銘文算是西周冊命銘文中一個比較特殊的例子"。

**【參考文獻】**

1. 郭研伶:《龍紋盤》,沈寶春主編:《〈首陽吉金〉選釋》,麗文文化出版社 2009 年版。

2. 袁國華:《首陽吉金"龍紋盤"(奐盤)銘文真偽探究》,北京師範大學歷史學院編:《商周文明學術研討會論文集》,2010 年。

3. 韓巍：《讀〈首陽吉金〉瑣記六則》，朱鳳瀚主編：《新出金文與西周歷史》，上海古籍出版社 2011 年版。

4. 陳英傑：《讀〈首陽吉金〉札記》，《文字與文獻研究叢稿》，社會科學文獻出版社 2011 年版。

5. 李零：《讀〈首陽吉金〉》，《中國古代青銅器國際研討會論文集》，上海博物館、香港中文大學文物館 2010 年版。

6. 王國維：《生霸死霸考》，《觀堂集林》（第 1 冊），中華書局 1959 年版。

7. 董作賓：《"四分一月"說辨正》，《董作賓先生全集》甲編第一冊，藝文印書館 1977 年版。

8. 唐蘭：《〈五省出土重要文物展圖録〉序言》，《唐蘭先生金文論集》，紫禁城出版社 1995 年版。

9. 黃盛璋：《釋初吉》，《歷史研究》1958 年第 4 期。

10. 劉雨：《金文初吉辨析》，《文物》1982 年第 11 期。

11. 王國維：《周葊京考》，《觀堂集林》（第 2 冊），中華書局 1959 年版。

12. 郭沫若：《兩周金文辭大系·臣辰盉》，《郭沫若全集》考古編第八卷，科學出版社 2002 年版。

13. 陳夢家：《論豐、鎬及宗周》，《西周銅器斷代》，中華書局 2004 年版。

14. 唐蘭：《葊京新考》，《唐蘭先生金文論集》，紫禁城出版社 1995 年版。

15. 劉雨：《金文葊京考》，《考古與文物》1982 年第 3 期。

16. 王玉哲：《西周葊京地望的再探討》，《歷史研究》1994 年第 1 期。

17. 郭沫若：《金文叢考補録·輔師嫠簋考釋》，《郭沫若全集》考古編第六卷，科學出版社 2002 年版。

18. 唐蘭：《毛公鼎"朱韍、蔥衡、玉環、玉瑹"新解》，《唐蘭先生金文論集》，紫禁城出版社 1995 年版。

19. 陳夢家：《周禮部分》，《西周銅器斷代》，中華書局 2004 年版。

# 18. 伯戔父簋

《首陽吉金》第 36 器(第 106 頁),西周中期(公元前 11 世紀末—前 10
世紀末)

圖一　伯戔父簋　　　　　　　　　　圖二　伯戔父簋銘文

**【釋文】**

隹(唯)王九月初吉庚午王

出自成周南征伐艮（服）㞷（子）
麇桐濔伯㠯父從王伐
窺（親）執訊十父鹹廿得孚（俘）
金五十匀（鈞）用作寶簋對揚
用亯（享）于父祖考用易（賜）眉亯（享）
壽其萬年子子孫孫永寶用

## 【集釋】

1. 隹（唯）王九月初吉庚午：隹通唯，典籍作維、惟，爲句首語氣詞。初吉，月相詞彙。王國維認爲"古者蓋分一月之日爲四分：一曰初吉，謂自一日至七八日也"。陳夢家認爲"初吉"即朏，指每月初三日；董作賓認爲"初吉"是朔，指每月的初一日；唐蘭認爲初吉是初一至初十的十天裏所遇到的吉日；黃盛璋指出"初吉"就是初干吉日之意；劉雨指出"初吉"就是"首善"、"大吉"之義。庚午，干支記日法。

2. 成周：西周王朝東都洛邑，今洛陽。周成王時始營洛邑，故周初又稱"新邑洛"（《尚書·多士》）。《尚書·洛誥》序"召公既相宅，周公往營成周"。《史記·周本紀》載"成王在豐，使召公復營洛邑，如武王之意。周公復卜申視，卒營築，居九鼎焉。曰：'此天下之中，四方入貢道里均。'作《召誥》《洛誥》"。何尊記載周成王時"王初遷宅于成周"（《集成》6014），與之一致。兮甲盤銘文所記的器主被任命"政司成周四方積"（《集成》10174），亦即成周是四方貢賦的中心。周人也將部分殷人遷到成周，方便管理。成周有"成周八師"。周王朝伐南淮夷的命令、軍隊均由成周出發。

3. 艮（服）㞷（子）：艮字形象用手按跪人，學者多認爲有强按、壓制之意，文獻、金文中多與服通。㞷字形近《説文》"子"之籀文""。邱郁茹認爲本銘中的"服"當爲《國語·周語上》所説五服中的"夷蠻要服"之服，服子則是荒服制度中的南方諸部族，即南蠻諸族。"艮子"之稱又見於䜣鐘。䜣鐘銘謂"南國艮子敢陷處我土，王敦伐其至，戜伐厥都，艮子迺遣閒來逆邵王,南夷、東夷俱見廿又六邦"(《集成》260)。唐蘭、楊樹達據音求之,認爲及是"濮"。子,《禮記·曲禮下》"其在東夷、北狄、西戎、南蠻,雖大曰子",是及之君長。張亞初認爲及作爲動詞表示征服,作爲名詞則表示被征服的國族或被征服國族的人,結合十七年師詢簋"服尸(夷)",他認爲及子是對非華夏族的種族奴隸的一種賤稱。李學勤認爲服子泛指隸屬周朝的蠻夷方國,包括南夷、東夷等。朱鳳瀚認爲及奠爲族群名,應即淮夷。服不僅指被征服,還有服事王朝義,及奠即是被征服後要服事西周王朝的奠。

4. 糞桐潏:地名,桐、潏見於翏生盨、鄂侯馭方鼎。翏生盨"王征南淮夷,伐角、津,伐桐、遹"(《集成》4459),鄂侯馭方鼎"王南征,伐角、僑"(《集成》2810)。

▨,李學勤隸定爲糞,從央聲,即文獻中的"英",或稱英氏。英,漢石經《公羊傳》作"央"。英,偃姓古國,傳爲皋陶之後,在今安徽六安西。李家浩釋爲"茻",認爲此字對應於翏生盨、鄂侯馭方鼎中的地名"角",茻、角可通,是同一地名不同的寫法。地當爲《水經注·淮水》"淮泗之會,即角城也"之"角城"附近。何景成疑爲"廌"字,讀爲津。上博簡《容成氏》"涉於孟瀤","孟瀤"即"孟津",即翏生盨中"角、津、桐、遹"之津。

桐,偃姓國,《左傳》定公二年"桐叛楚",杜預注"桐,小國,廬江舒縣西南有桐鄉",楊伯峻注"世屬於楚。今安徽桐城縣北有古桐城,即其地"。馬承源在釋翏生盨時指出"桐是南淮夷,屬楚邑是在春秋之後,故地在今安徽省桐城縣北,即大別山的東部的北麓"。朱鳳瀚認爲若桐在桐城,則與淮、泗交匯處的角地距離過遠,故推測其地當在今洪澤湖附近之淮水近域。

潏,翏生盨作遹,鄂侯馭方鼎作僑。馬承源認爲遹與粵可通,粵爲雩的別構,遹可以假爲雩,或是淮水上游的戰略要地雩婁。《左傳》襄公二十六年"楚子、秦人侵吳,及雩婁",昭公五年"楚子懼吳,使沈尹射待命于巢,遠啟彊待命于雩婁";黃盛璋認爲角津是角地,依所當之水陸之要津而取名,由此推斷桐遹是指桐地之遹。

5. 伯戈父：人名。伯可能爲排行；戈，《説文》："絶也。一曰田器。从戈持戈。古文讀若咸，讀《詩》云'攕攕女手'。"段注"絶者，刀斷絲也。引申爲凡斷之稱，斷之亦曰戈，與殲義相近"。林義光指出此字"从戈㱿 ，而 乃人多之象。經傳以殲爲之"；父是男子的美稱。

6. 執訊：執，《説文》"捕罪人也"；訊，《説文》"問也。从言卂聲"。揚簋此字字形爲 （《集成》4295），均是從口訊問，其側象用繩索反綁俘虜雙手之形。此處訓爲戰俘。"執訊"習見於傳世文獻和金文，如《詩經·小雅·出車》"執訊獲醜，薄言還歸"，鄭箋"執其可言問所獲之衆以歸者，當獻之也"。金文中有"執訊獲馘"，見卅二年逨鼎①、菁簋（《新收》1891）等，也有"折首執訊"，見於多友鼎（《集成》2835）、師寰簋（《集成》4313）、兮甲盤（《集成》10174）等，還有"執訊折首"，見翏生盨（《集成》4459）。

7. 十父：銘文中寫爲 ，當釋爲"夫"，如柞伯鼎"執訊二夫，獲馘十人"②，晉侯穌鐘"執訊廿又三夫"③，是計算"執訊"（俘虜）的單位。

8. 馘：金文另有从耳的聝字。《説文》："聝，軍戰斷耳也。《春秋傳》曰：'以爲俘聝。'从耳或聲。 ，聝或从首。"《詩經·大雅·皇矣》"執訊連連，攸馘安安"，毛傳"馘，獲也。不服者殺而獻其左耳曰馘"，《釋文》："馘，古獲反，字又作聝。《字林》截耳則作耳傍，獻首則作首傍。"《禮記·王制》"出征執有罪，反，釋奠于學，以訊馘告"。鄭玄注"訊、馘，所生獲、斷耳者"，孔穎達疏"以生獲解訊，以斷耳解馘"。

---

① 陝西省考古研究所、寶雞市考古工作隊、眉縣文化館楊家村聯合考古隊：《陝西眉縣楊家村西周青銅器窖藏發掘簡報》，《文物》2003年第6期。
② 朱鳳瀚：《柞伯鼎與周公南征》，《文物》2006年第5期。
③ 馬承源：《晉侯穌編鐘》，《上海博物館集刊》第7期，上海書畫出版社1996年版。

9. 得孚(俘)金五十匀(鈞)：孚金即俘金,俘獲的銅；金,指銅。孚金,常見於金文,中偶父鼎"中偶父伐南淮夷,孚金"(《集成》2734),師袁簋"俘吉金"(《集成》4313)；匀,通鈞,《説文》"鈞,三十斤也",是金的單位。朱鳳瀚以爲"得孚金"可能是"得"字義與孚(俘)同,另外也可能指因戰功而得到此次戰役所俘獲的金五十鈞。

10. 對揚：習見於金文、傳世文獻。《詩經·大雅·江漢》"虎拜稽首,對揚王休",鄭箋"對,答。休,美。……虎既拜而答王策命之時,稱揚王之德美,君臣之言宜相成也"。對揚多釋爲對答稱揚。林澐、張亞初認爲"對揚"與"奉揚"用法一致,意爲"答受稱揚"。對揚可以在行禮時用,也可以在事後用,它是感激讚美之辭,而並非是關於禮節的描寫。

11. 用亯(享)于父祖考,用易(賜)眉亯(享)壽,其萬年子子孫孫永寶用。
　　與伯父簋同銘的兩件簋,據李學勤和朱鳳瀚的釋讀,稱爲甲器的器銘作"用享于文祖考,用錫盨(眉)壽,其萬年子子孫孫永寶用享"；稱爲乙器的銘文並作一行"用亯(享)于文且(祖)考,用萬年顳(靈)壽,其子孫永寶用享"。"用易(賜)眉亯(享)壽"不通,金文中未見類似的語例。疑是鑄刻時將"亯(享)"誤置於此,當置於"子子孫孫永寶用"之後。
　　父祖考：當隸定爲"文",文祖考意爲有文德的祖考,祖考並非實指祖父、父親兩代。
　　用易眉壽：用,以；易,通賜,典籍多作錫,義同；眉壽,金文中常見的壽考類詞彙,眉壽之眉多假釁、釁(或省作須)爲之,二者音通。《方言》"眉、梨、臺、鮐,老也。東齊曰眉,燕代之北鄙曰梨,宋衛兗豫之內曰臺,秦晉之郊、陳兗之會曰耈鮐"。眉壽也見於傳世文獻。《詩經·豳風·七月》"以介眉壽",《詩經·周頌·雝》"綏我眉壽,介以繁祉",《詩經·魯頌·閟宮》"萬有千歲,眉壽無有害",毛亨傳"眉壽,豪眉也",孔穎達疏"人年老者,必有豪毛秀出者,故知眉謂豪眉也",以爲壽徵。
　　子子孫孫永寶用享：金文中作器者祈求子孫繁衍不絕的表述語。一

般認爲"子子孫孫永寶用享"的意思是作器者希望子孫後代永遠保有
器物。

【説明】

伯𣄰父簋,據吳鎮烽介紹,"這套簋當有四件,銘文略有差異。此其一
(按,指首陽藏器),失蓋。李學勤《談西周厲王時期伯𣄰父簋》(見《安作章
[按,當作"璋"]先生史學研究六十周年紀念文集》,齊魯書社,2007 年)文
中介紹兩件,甲器蓋器完整,但只附照片,無拓本;乙器即中國文物信息咨
詢中心收藏的伯𣄰父簋,蓋後配。另一件現無下落"①。朱鳳瀚《由伯𣄰
父簋銘再論周厲王征淮夷》所釋讀的爲其中的乙器。

三件已著録的伯𣄰父簋,紋飾相同。朱鳳瀚所提供的乙器"器身約高
17.5、口徑約 19.9 釐米",與首陽齋收藏的"高 17.1 釐米,口徑 20 釐米"
非常相近。三器銘文内容大致相同,首陽齋所藏更近甲器的銘文書寫,最
後兩行没有像乙器一樣並爲一行。目前公佈的首陽齋伯𣄰父簋和乙器的
拓片中,都存在不少字偏旁與通常書寫位置或方向相反的情況,如初、出、
成、征、從、親、訊、馘、年、孫等,兩器中若干字的書寫亦有不同,邱郁茹在
《〈首陽吉金〉選釋》中已指出。

關於伯𣄰父簋的時代,《首陽吉金》指出伯𣄰父簋的形制和主體紋飾
和陝西藍田輞川出土的彔伯簋、長安張家坡窖藏出土的元年師旋簋完全
相同,而據銘文彔伯簋的年代當爲恭王前後,元年師旋簋爲夷王前後。而
其圈足所飾的斜角雲目紋與孝王前後的諫簋相同,故而推斷伯𣄰父簋應
屬孝、夷時期。朱鳳瀚認爲與此簋形制、紋飾近同的有銘銅器爲諫簋、元
年師旋簋。諫簋爲厲王時器,元年師旋簋爲夷王或厲王時器,故伯𣄰父簋
年代約夷王、厲王時段内,結合銘文,可定爲厲王時器。

考察銘文内容,李學勤認爲伯𣄰父簋記載的伯𣄰父從王南征𣬈子
一事,與𤳯鐘"南國𣬈子敢陷處我土,王敦伐其至"同,而征伐桐、遹等地
與䣄生盨、鄂侯馭方鼎所記地點同,可見諸器所説爲一事,時代當爲厲

---

① 見《銘文暨圖像集成》5276。

王世。

## 【附録】

一、翏生盨銘文

王征南淮尸(夷)，伐角、潏(津)，伐桐、遹，翏生從。執訊折首，俘戎器，俘金，用作旅盨，用對烈，翏生罘大婦(妀)其百男、百女、千孫，其萬年眉壽永寶用。

二、鄂侯馭方鼎銘文

王南征，伐角、僪(遹)，唯還自征，在坏(坯)，噩(鄂)侯馭(馭)方納壺于王，乃裸之，馭(馭)方侑王，王休宴，乃射，馭(馭)方佮王射，馭(馭)方休闌，王宴，咸飲，王親錫馭(馭)方玉五瑴，馬四匹，矢五束，馭(馭)方拜手稽首，敢對揚天子丕顯休賚，用作尊鼎，其萬年子孫永寶用。

三、狀鐘銘文

王肇遹省文武勤疆土，南國艮子敢陷處我土，王敦伐其至，戡伐厥都，艮子迺遣閒來逆昭王，南夷東夷俱見，廿又六邦，佳皇上帝百神保余小子，朕猷有成亡兢，我佳嗣配皇天，王對作宗周寶鐘，倉倉悤悤，雝雝雝雝(雝雝)，用昭各丕顯且考先王，先王其嚴在上，熊熊數數，降余多福，福余順孫，參(叄)壽佳琍，狀(胡)其萬年畍保四國。

四、同銘伯戈父簋

甲器銘文(李學勤文)：

惟王九月初吉庚午，王

出自成周，南征，伐艮(服)覓(子)：

麇、桐、潚，伯戈父從王伐，

覿(親)執訊十夫、馘廿，得孚(俘)

金五十句(鈞)，用作寶殷，對揚，

用享于文祖考，用錫瑂(眉)

壽，其萬年子子孫孫永寶用享。

乙器銘文(朱鳳瀚文)：

隹(惟)王九月初吉庚午,王

出自成周,南征,伐尸(夷)🀄

🀄、桐、矞(遹)。白(伯)㦰父從王伐,

窥(親)執(執)訊十夫,戠(馘)廿,得孚(俘)

金五十勻(鈞),用曰[作]寶毁,對揚,

用亯(享)于文且(祖)考,用萬年眉(釁)壽,其子孫永寶用亯(享)。


**【參考文獻】**

1. 邱郁茹:《伯㦰父簋》,沈寶春主編:《〈首陽吉金〉選釋》,麗文文化出版社 2009 年版。

2. 李學勤:《談西周厲王時器伯㦰父簋》,《安作璋先生史學研究六十周年紀念文集》,齊魯書社 2007 年版。

3. 朱鳳瀚:《由伯㦰父簋銘再論周厲王征淮夷》,《古文字研究》第二十七輯,中華書局 2008 年版。

4. 李家浩:《讀金文札記兩則》,《古文字研究》第二十八輯,中華書局 2010 年版。

5. 何景成:《西周王朝政府的行政組織與運行機制》,光明日報出版社 2013 年版,第 43—44 頁。

6. 王國維:《生霸死霸考》,《觀堂集林》(第 1 冊),中華書局 1959 年版。

7. 陳夢家:《西周銅器斷代》,中華書局 2004 年版。

8. 董作賓:《"四分一月"說辨正》,《董作賓先生全集》甲編第一冊,藝文印書館 1977 年版。

9. 唐蘭:《〈五省出土重要文物展圖錄〉序言》,《唐蘭先生金文論集》,紫禁城出版社 1995 年版。

10. 黃盛璋:《釋初吉》,《歷史研究》1958 年第 4 期。

11. 劉雨:《金文初吉辨析》,《文物》1982 年第 11 期。

12. 林義光:《文源》卷六,中西書局 2012 年版,第 284 頁。

13. 唐蘭:《周王狱鐘考》,《唐蘭先生金文論集》,紫禁城出版社 1995

年版。

14. 楊樹達:《宗周鐘跋》,《積微居金文説》,中華書局 1997 年版。

15. 張亞初:《周厲王所作祭器㝬簋考——兼論與之相關的幾個問題》,《古文字研究》第五輯,中華書局 1981 年版。

16. 馬承源:《關於翏生盨和者減鐘的幾點意見》,《考古》1979 年第 1 期。

17. 黄盛璋:《淮夷新考》,《文物研究》第五輯,黄山書社 1989 年版。

18. 林澐、張亞初:《〈對揚補釋〉質疑》,《考古》1964 年第 5 期。

# 19. 晉 侯 鮇 鼎

《首陽吉金》第 38 器(第 110 頁),西周晚期(公元前 9 世紀上半葉—前 771 年)

圖一　晉侯鮇鼎

圖二　晉侯鮇鼎銘文

【釋文】
　　晉侯鮇乍(作)
　　寶尊鼎其
　　萬年永寶用

106

## 【集釋】

1. 晉侯穌:穌,即穌,作器者,與晉侯穌編鐘的器主爲同一人。

關於晉侯穌的身份,主要有晉獻侯、晉穆侯兩説。《史記·晉世家》記載,西周時晉國世系爲:叔虞—燮父—武侯寧族—成侯服人—厲侯福—靖侯宜臼—釐侯司徒—獻侯籍—穆侯費王—殤叔—文侯仇。《史記·晉世家》"子獻侯籍立",司馬貞《索隱》"《系(世)本》及譙周皆作'蘇'"。晉侯墓發掘者如李伯謙、孫華等指出穌(穌)、籍古音相近,籍可能是穌之誤,晉侯穌(蘇)是晉獻侯。李朝遠、裘錫圭、李學勤等一些學者也持此見。

然而《晉世家》載"釐侯十四年,周宣王初立。十八年,釐侯卒,子獻侯籍立。獻侯十一年卒,子穆侯費王立",晉獻侯於周宣王五年至十六年之間在位,十六年時去世。晉侯穌鐘銘記年"唯王卅又三年",而依據《史記》記載,周宣王三十三年當晉穆侯十七年,距離晉獻侯去世已十七年。因此,若以晉侯穌爲晉獻侯,與鐘銘"唯王卅又三年"不能相合。故鄒衡、劉啟益、彭裕商等學者認爲晉侯穌爲穆侯,"王卅又三年"爲宣王三十三年,《世本》所記獻侯名蘇爲誤記。

由於文獻記載的不一致,堅持晉侯穌爲晉獻侯的學者,多否定《史記》的相關記載,如裘錫圭即指出《史記》所記先秦時代各諸侯年代錯誤很多。馬承源則認爲"唯王卅又三年"應是厲王紀年。但也有學者在肯定《史記》記載的真實性上提出新的解釋,李學勤即贊同晉侯穌鐘"唯王卅又三年"是厲王三十三年説,但認爲當時晉侯穌只是作爲時侯(靖侯)之孫隨王東征,晉侯穌是他即位後追稱的。假設當時晉侯穌二十歲左右,經晉釐侯,至周宣王六年立爲晉侯時,約五十歲,從年齡上來説較爲合理。如此,不需要改動文獻,也肯定了晉侯穌鐘的厲王紀年。

2. 寶尊鼎:尊,有學者讀爲宗,尊鼎即宗鼎,與宗族有關。也有人認爲尊是尊貴的意思,唐蘭認爲凡稱爲尊的器,是指在行禮時放置在一定位置上的器。杜迺松認爲青銅器上常有"作尊"、"作寶尊"共名,因此"尊"字可作爲"器"字用。尊鼎、寶尊鼎強調了所作鼎的尊貴或寶貴。

## 【説明】

《首陽吉金》指出"晉侯穌鼎共有五件,形制、紋飾、銘文均相同,唯大小依次遞減。1992 年山西天馬一曲村遺址北趙晉侯墓地 8 號墓出土,其他四件分藏於上海博物館、曲沃縣博物館和山西省考古研究所。銘文中的晉侯穌與同墓所出的晉侯穌編鐘的器主爲同一個人,晉侯穌編鐘根據銘文定爲西周厲王時期。據《〈史記・晉世家〉索隱》引《世本》所記,晉獻侯名穌(蘇)"。

北趙晉侯墓地位於山西曲沃縣曲村鎮北趙村西南,是天馬一曲村遺址重要組成部分。1991 年,墓地多座大墓連續被盜。M8 是考古隊於 1992 年下半年第二次發掘五座大墓中規模最大的一座,然發掘前已被盜。M8 與 1993 年上半年發掘的 M31 爲夫妻並穴合葬墓。M8 爲較規整的甲字形大墓,一棺一槨。隨葬有精美的金、銅、玉、石、牙、陶器 239 件套。被盜的主要爲青銅器。餘下發掘出的青銅容器共 12 件,據其形制、紋飾、銘文内容可分爲四組:一組有簋 2 件、方壺 2 件,銘文内容及行款皆相同,均爲晉侯斳作器;一組有鼎 1 件,樂器中的 2 件鐘,作器者爲晉侯穌;一組有兔尊 3 件,造型生動,紋飾相同,皆無銘文,當爲同時鑄造;另一組有甗 1 件、盉 1 件、盤 1 件,鑄造粗糙,花紋草率,皆無銘文,可能是專爲殉葬鑄造。此外,另有一件帶銘文的銅爵,是西周早期器,係前代傳下的銅器。

學者結合晉侯墓地以及出土晉侯穌鼎的 M8 綜合考慮,進一步推斷晉侯穌的身份。

根據考古發掘簡報,晉侯墓地九位晉侯及夫人墓是連續發展下來的,中間並無斷缺。墓葬按時代早晚進行排列,其順序爲:M114、M113 組——M9、M13 組——M6、M7 組——M33、M32 組——M91、M92 組——M1、M2 組——M8、M31 組——M64、M62、M63 組——M93、M102 組。按照李伯謙的意見,上列晉侯墓墓主人依次爲:燮父——武侯——成侯——厲侯——靖侯——釐侯——獻侯——穆侯——文侯。因爲殤叔篡位,又死於兵刃,不得入兆域,故 M93 爲文侯。M91、M92 出土的晉侯喜父器銘有"朕文考剌(厲)侯"之語,可證 M33 屬晉厲侯,M91 屬靖侯,由此下推,M8 當屬獻侯。

但是,M8 中不僅出土了晉侯穌器,也出土了一組晉侯 ▣ 器,晉侯穌與晉侯▨的關係，以及 M8 墓主的身份，引起了更多討論。

特別是 M8 墓主的身份問題。發掘者指出晉侯▨與晉侯穌均有可能爲墓主。孫華認爲，晉侯穌組器有鼎及鐘，更具有身份象徵意義，是墓葬中的重器，而相對的晉侯▨器僅有簋和方壺，因此不論晉侯▨的身份如何，M8 的墓主只可能是晉侯穌而非晉侯▨。▨字以往銘文中未見，學者們隸定爲斱或斦，關於其身份，有晉靖侯、釐侯、獻侯、穆侯、文侯不同的説法。①

## 【附錄】
### 一、晉侯穌鼎列表

| 鼎 | 銘 文 拓 片 | 現 藏 地 | 備 注 |
|---|---|---|---|
| 晉侯穌鼎 1 | | 山西省曲沃縣博物館 | 《天馬—曲村遺址青銅器介紹》② |

<hr>

① 相關論著請參閲：李朝遠《晉侯▨方座簋銘管見》（《第二屆國際中國古文字學研討會論文集》，香港中文大學 1993 年版）；張頷《晉侯斱簋銘文初識》，鄒衡《論早期晉都》（《文物》1994 年第 1 期）；李裕民《晉侯壺考》（《汾河灣—丁村文化與晉文化考古學術研討會文集》，山西高校聯合出版社 1996 年版）；馮時《略論晉侯對與晉侯匹》（《中國文物報》1997 年 8 月 24 日）；林聖傑《晉侯▨小考》（香港中文大學中國文化研究所、中國語言及文學系《第三屆國際中國古文字學研討會論文集》，香港中文大學 1997 年版）；孫華《晉侯櫨／斱組墓的幾個問題》，黃錫全《關於晉侯墓地幾位晉侯順序的排列問題》（《古文字論叢》，藝文印書館 1999 年版）；何琳儀《晉侯斱器考》，裘錫圭《關於晉侯銅器銘文的幾個問題》，李伯謙《晉侯墓地發掘與研究》，陳松長《“▨”字小考》（上海博物館編《晉侯墓地出土青銅器國際學術研討會論文集》，上海書畫出版社 2002 年版）。
② 曲沃縣博物館：《天馬—曲村遺址青銅器介紹》，《文物季刊》1996 年第 3 期。

續　表

| 鼎 | 銘 文 拓 片 | 現 藏 地 | 備　　注 |
|---|---|---|---|
| 晉侯穌鼎 2 | | 山西省曲沃縣博物館 | 《天馬—曲村遺址青銅器介紹》 |
| 晉侯穌鼎 3 | | 上海博物館 | 《館藏晉侯青銅器概論》① |
| 晉侯穌鼎 4 | | 首陽齋;已捐國家 | 《首陽吉金》第 110 頁 |

---

① 周亞:《館藏晉侯青銅器概論》,《上海博物館集刊》第 7 期,上海書畫出版社 1996 年版。

**續　表**

| 鼎 | 銘 文 拓 片 | 現 藏 地 | 備　注 |
|---|---|---|---|
| 晉侯穌鼎 5 | | 山西省考古研究所 | 《天馬—曲村遺址北趙晉侯墓地第二次發掘》① |

二、晉侯穌鐘銘文②

佳王卅又三年,王親遹省東國南國,正月既生霸戊午,王步自宗周,二月既望癸卯,王入格成周,二月既死霸壬寅,王償往東,三月方死霸,王至于葦(菶),分行,王親令晉侯穌:率乃師左洀(覆)薆,北洀(覆)□,伐夙夷,晉侯穌折首百又廿,執訊廿又三夫,王至于匈城,王親遠省師,王至晉侯穌師,王降自車,位南嚮,親令晉侯穌:自西北隅辜(敦)伐匈城,晉侯率厈亞旅、小子、戜人,先陷。入,折首百,執訊十又一夫。王至。淖淖列列夷出奔,王命晉侯穌率大室小臣,車僕從,遹逐之,晉侯折首百又一十,執訊廿夫,大室小臣車僕折首百又五十,執訊六十夫,王唯反,歸在成周。公族整師,宫。六月初吉戊寅,旦,王格太室,即位,王呼膳夫曰:召晉侯穌,入門立中廷,王親錫駒四匹,穌拜稽首,受駒以出,反入,拜稽首。丁亥,旦,王鄱(御)于邑伐宫,庚寅,旦,王格太室,司工揚父入右晉侯穌,王親齎晉侯穌秬鬯一卣,弓、矢百,馬四匹,穌敢揚天子丕顯魯休,用作元龢鍚鐘,

---

① 北京大學考古學系、山西省考古研究所:《天馬—曲村遺址北趙晉侯墓地第二次發掘》,《文物》1994年第1期。

② 晉侯穌鐘共16件,分2組,每組8件。其中14件被盜掘,後由上海博物館收藏,末2件1992年考古發掘出土,現藏山西省考古研究所。銘文連讀,分鑄八鐘上。可參閱馬承源《晉侯穌編鐘》,《上海博物館集刊》第7期,上海書畫出版社1996年版;《天馬—曲村遺址北趙晉侯墓地第二次發掘》,《文物》1994年第1期。

用昭格前文人,前文人其嚴在上,翼在下,數數熊熊,降余多福。穌其萬年無疆子子孫孫永寶茲鐘。

## 【參考文獻】

1. 雷晉豪:《晉侯穌鼎》,沈寶春主編:《〈首陽吉金〉選釋》,麗文文化出版社 2009 年版。

2. 北京大學考古學系、山西省考古研究所:《天馬一曲村遺址北趙晉侯墓地第二次發掘》,《文物》1994 年第 1 期。

3. 鄒衡:《論早期晉都》,《文物》1994 年第 1 期。

4. 裘錫圭:《關於晉侯銅器銘文的幾個問題》,《傳統文化與現代化》1994 年第 2 期。

5. 馬承源:《晉侯穌編鐘》,《上海博物館集刊》第 7 期,上海書畫出版社 1996 年版。

6. 劉啓益:《晉侯蘇編鐘是宣王時期器》,《中國文物報》1997 年 3 月 9 日。

7. 彭裕商:《晉侯蘇鐘年代淺議》,上海博物館編:《晉侯墓地出土青銅器國際學術研討會論文集》,上海書畫出版社 2002 年版。

8. 李伯謙:《晉侯墓地發掘與研究》,上海博物館編:《晉侯墓地出土青銅器國際學術研討會論文集》,上海書畫出版社 2002 年版。

9. 王世民、李學勤等:《晉侯蘇鐘筆談》,《文物》1997 年第 3 期。

10. 孫華:《晉侯穌／斷組墓的幾個問題》,《文物》1997 年第 8 期。

11. 謝堯亭:《晉侯墓地研究述評》(上),《文物世界》2009 年第 3 期。

12. 謝堯亭:《晉侯墓地研究述評》(下),《文物世界》2009 年第 4 期。

# 20. 雁 侯 簋

《首陽吉金》第 39 器(第 112 頁),西周晚期(公元前 9 世紀上半葉—前 771 年)

圖一　應侯簋

蓋銘　　　　　　　　　器銘

圖二　應侯簋銘文①

---

① 《首陽吉金》有應侯簋器及蓋銘文拓片和器銘文,但無蓋釋文。

## 【釋文】

蓋銘:

唯正月初吉丁亥王若

曰雁(應)侯見工 ![字] (伐)淮南夷

![字] 敢尃乎(厥)衆靁(魯)敢加興

乍(作)戎廣伐南國王命雁(應)

侯征伐淮南夷 ![字] 休克

![字] 伐南夷我孚(俘)戈余弗

敢且余用乍(作)朕(朕)王姑單

姬障(尊)殷(簋)姑氏用易(賜)贇(眉)

壽永命(令)子子孫孫永寶用宫(享)

器銘:

雁(應)侯乍(作)姬遵(原)

母尊簋其邁(萬)

年永寶用

## 【集釋】

1. 唯正月初吉丁亥: 初吉,月相詞彙。王國維有四分月相説,認爲初吉是指自一日至七八日。陳夢家認爲"初吉"即朏,指每月初三日。董作賓認爲"初吉"是朔,指每月的初一日;唐蘭認爲初吉是初一至初十的十天裏所遇到的吉日;黄盛璋指出"初吉"就是初干吉日;劉雨指出"初吉"就是"首善"、"大吉"。

丁亥,干支記日法。王國維指出銘文多記載古人在丁亥日鑄器,丁亥或非實指。不少學者認爲銘文中的"正月丁亥"非紀實之辭,而是吉日良辰的代稱。但李學勤指出東周器銘"正月丁亥"之類多係虛擬,西周器有無同樣情況尚乏證據,這裏應爲實有曆日。

2. 王若曰: 西周銘文及先秦傳世文獻中常見詞彙。于省吾認爲"若"

可釋爲"如此","在文法上屬於指示代詞,用作狀語……'王若曰'應解作'王如此説'"。他還指出"王若曰"是"第三者稱述之詞,而非王之直接命詞";陳夢家指出"王若曰"領起的"册命既是預先寫就的,在策命時由史官授於王而王授於宣命的史官誦讀之";董作賓認爲"王若曰""猶後世帝王詔旨,開始必用'奉天承運皇帝詔曰'";王占奎認爲"王若曰"的意思是"以神的名義,王説"。一般認爲"王若曰"指王如此説。

　　3.　雁(應)侯:應國國君。應國第一代國君爲周武王之子,《左傳》僖公二十四年記載"昔周公弔二叔之不咸,故封建親戚以蕃屏周。管、蔡、郕、霍、魯、衛、毛、聃、郜、雍、曹、滕、畢、原、酆、郇,文之昭也;邗、晉、應、韓,武之穆也;凡、蔣、邢、茅、胙、祭,周公之胤也",杜預注"應國在襄陽城父縣西"。《國語·鄭語》記載西周末年成周之南的情況,説"有荆蠻、申、呂、應、鄧、陳、蔡、隨、唐"等國存在,當鄭桓公詢問周太史"若周衰,諸姬其孰興"時,太史説"文之祚盡,武其嗣乎! 武王之子,應、韓不在,其在晉乎!"認爲應國和韓國已衰落。考古發掘平頂山滍陽嶺有應國公室墓地。

　　4.　見工:靭松將"應侯見工"解釋爲"應侯效事於周王";吳鎮烽指出"見工"爲應侯私名。裘錫圭指出殷墟甲骨文中既有 𥄎 字,又有 𥄕 字,所從人形有跪坐、直立之異。而在郭店楚簡《老子》"視之不足見"句中,"視"作 𥄕,"見"作 𥄎,因此,甲骨文 𥄕 字當釋"視",西周金文中"目"下作立人形之字也應釋爲"視"。他還指出,周原甲骨中有"視工于洛","視"的用法與"監"字相似,"視工"之名不知是否取義於周原甲骨的"視工"。李朝遠認爲,上博簡、郭店簡《緇衣》篇同位置上的"見"字,上博簡"目"下之腿均呈直立狀,而郭店簡"目"下之腿均呈跪跽狀,因此"對'見'字的寫法不能一概而論,後者應是楚文字的風格,前者則是中原文字的風格。作爲中原器的應侯諸器,其文字應屬中原系統"。

　　5.　𢦏:𢦏字,諸家解釋不一。李學勤釋爲伐。蘇郁茜認爲 𢦏 字與常見伐字字形不同,而與"我"字接近。但從文例看,應讀爲伐。

6. 淮南夷：西周金文中常見的對南方夷的稱呼是"南淮夷"（如中偁父鼎"中偁父伐南淮夷"（《集成》2734），禹鼎"南淮夷、東夷廣伐南國"（《集成》2833））、"淮夷"（如彔卣"淮夷敢伐内國"（《集成》5420））、"南夷"（如競卣"惟伯犀父以成師即東，命伐南夷"（《集成》5425），雁侯見工鼎"隹南夷 Ψ 敢作非良，廣伐南國"①），"淮南夷"的寫法本器首見。蘇郁茜認爲是指周東南方的部族方國；朱鳳瀚指出生活於淮水流域的夷人族團，有淮夷、南淮夷、淮南夷及南夷諸稱，均是指同一族群。銘文中王令征伐"淮南夷"，其結果是"克撲伐南尸（夷）"，可見"淮南夷"即"南夷"。"淮南夷"應是表示此南夷在南方的淮水流域，不是指淮水以南的夷，實即"南淮夷"。

7. Ψ：蘇郁茜釋爲"丰"，"疑爲國名或首領之名。字形與康侯丰鼎之'丰'（編者注：《集成》2153）、丰父甲卣之'丰'（編者注：《集成》4905）字寫法相近，但仍不能十分確定，待考"；李學勤釋爲"芇"，也認爲是南夷首長之名；王龍正釋爲"毛"，認爲是文獻所載"三苗"之"苗"的本字，是指居住於南淮夷地區的三苗族的一支；陳佩芬釋爲丰，以爲是淮夷邦國名；李朝遠認爲 Ψ 應是南夷或百濮之"小大邦"中之一族。

8. 敢尃（薄）乒（厥）衆罍（魯），敢加興乍（作）戎：謝明文認爲尃讀爲薄，並引《楚辭·九章·哀郢》"忽翱翔之焉薄"，王逸"薄，止也"，認爲薄爲止意。他對比應侯見工鼎銘文"隹南夷 Ψ 敢乍（作）非良"，認爲此處的"魯"與鼎銘中的"良"聲音相近、意義相因，都有"善"的意思，"薄厥衆魯"即"止厥衆善"；蘇郁茜也讀尃爲薄，"薄，有逼迫之意。《釋名·釋言語》'薄，迫也'"；高佑仁認爲"魯"訓"善"，可能泛指在南國地區降服於周王的善良小國，"'薄厥衆魯'指淮南夷出兵攻打南國地區的小國，在此區域引發紛爭"；王龍正釋尃爲搏，罍爲龜，認爲與師袁簋"敢搏厥衆叚（蝦）"之

---

① 李朝遠：《雁侯見工鼎》，《上海博物館集刊》第 10 期，上海書畫出版社 2005 年版。

"蝦"同屬水族動物,爲兵荒馬亂的戰争徵兆。"敢搏厥衆龜"與"搏厥衆叚(蝦)",均爲使動句式,即驅使大批士兵前來搏鬥,參加戰争;李學勤將此句讀爲"敢薄厥衆,瞻敢加興作戎",與師衰簋"敢博厥衆,叚反厥工吏"(《集成》4313)相類比,指出"尃"或"博"讀爲"薄",訓爲"迫",逼迫之義,是説南夷逆迫其衆。"瞻"从"魯"聲,魯从魚得聲,可讀爲"胥",意爲"皆";趙燊認爲本銘的"衆䁞"與師衰簋的"衆叚"都應是對敵軍兵卒的蔑稱;陳絜讀如"鰥",此句之意爲逼迫衆多孤獨無依靠的底層民衆。

按,此句當讀爲"敢尃(薄)乎(厥)衆䁞(魯),敢加興乍(作)戎",諸位學者已經指出此句當與師衰簋"敢博厥衆,叚反厥工吏"句對讀,"叚"與"敢"同義,如師衰簋"弗叚沮",史牆盤等作"弗敢取"(《集成》10175)。"敢博厥衆,叚反厥工吏"爲同意相承,"敢尃厥衆䁞(魯),敢加興作戎"也當爲前後語意相接。"魯"有大、多之義,或與"衆"義接近,"敢尃厥衆䁞(魯)"指"竟敢迫使其大衆"。

加興,李學勤認爲"加"與師衰簋"叚"同音,均讀爲"格",《〈史記·李斯列傳〉索隱》"彊扞也","加(格)興作戎"是悍起兵釁之義;高佑仁指出"'加'有增益、增加之義,'興'則爲興起、發動……淮南夷已多次武力騷擾南國,'加興作戎'指的應是派遣更多的軍力或是侵擾的範圍愈大,使得周王無法再坐視不管,因此派雁侯出兵征伐"。王龍正認爲此句意思是竟敢大肆製作兵器建立軍隊。

按,加,《説文》"語相增加也",本義爲誇大,引申爲增多;興,興發,《左傳》哀公十六年"使興國人以攻白公",陸德明《釋文》"興謂興廢也"。興亦有發軍之義,《漢書·卜式傳》"日者北邊有興",顏師古注"興謂發軍"。"加興作戎"句中,加、興、作有增、起之義,意義相近,此句或意爲淮南夷增兵發軍以臨加於我。

9. 廣伐南國:廣,《説文》"殿之大屋也",段玉裁注"引申之爲凡大之稱"。指大舉侵擾周南土。關於南國,唐蘭認爲是周民族與其他民族的交壤之地;李朝遠根據成王時期的玉戈銘文"六月丙寅,王在豐,令大保省南國,帥漢,遂殷南,令厲侯辟……"(《跋太保玉戈——兼論召公奭有關問題》)①,

---

① 龐懷靖:《跋太保玉戈——兼論召公奭有關問題》,《考古與文物》1986 年第 1 期。

指出漢指漢水，殷南指周天子殷見南國的諸侯。南國指江漢之間，又可指漢水之陽地區。馱鐘(《集成》260)中的南國可能爲西周尚未直接統治的區域，見工鼎的南國則是被南夷征伐之地，似已是西周的領域；朱鳳瀚認爲西周時期周人所稱的"南國"，在地理範圍上，大致在今淮水流域、南陽盆地南部與漢淮間平原一帶。南國的東部區域爲淮水流域，即淮夷各邦的聚居區。"南國"不是周人的國土，它大體上可以認爲是西周王國的附屬區，是周王朝以軍事強制手段搜刮其重要經濟資源與人力資源之所在。

10. 王命雁(應)侯征伐淮南夷 ⻄ ：王命令應侯出征淮南夷之 ⻄ 族。可見周王的征伐權。

11. 休克 ▨ 伐南夷我孚(俘)戈：王龍正讀此句爲"休克；踐伐南尸(夷)衰，(俘)戈"，"休克"，指順利取勝。金文中，休字常用戰爭勝利之後的場合，如師寰簋記載征伐淮夷勝利之後，師寰"休既有功"。克訓攻克、消滅。俘戈，指繳獲了敵兵較多的武器——銅戈。"衰"，原本指用草編織的蓑衣，此處衰字與"毛(苗)"字一樣，應指一氏族名，是毛(苗)族在這次戰役中的盟軍。

▨ 伐，唐蘭釋爲撲伐，認爲與《詩經‧小雅‧出車》"薄伐西戎"、《詩經‧小雅‧六月》"薄伐玁狁"之"薄伐"、虢季子白盤之"搏伐"同。按，一般認爲"薄"借爲"搏"，搏、薄相通，《廣雅‧釋詁》"擊也"。或者解薄爲迫，《楚辭‧九章‧涉江》"腥臊並御，芳不得薄兮"，洪興祖補注"薄，迫也，逼近之意"；劉釗認爲"撲伐"很難通爲"薄伐"，對照郭店楚簡，他指出金文"⻄伐"當爲"踐伐"，即"翦伐"。翦，《廣韻》"截也，殺也"，"翦伐"不是一般的擊伐，而帶有斬盡殺絶的意味。林澐認爲仍可讀爲撲伐。

孚戈，謝明文認爲此字爲戈，金文中雖有"俘戎某"的說法，但不見"俘戎"之說，而"俘戈"的說法見於寏鼎"王令趠東反夷，寏肇從趠征……俘戈"(《集成》2731)；蘇郁茜認爲孚(俘)戈意爲獲得戰戈；李學勤讀"我俘戈"爲"我俘戎"，以爲"戎"是戰車，多俘敵車是重大勝利，"戈"不過是普通兵器，不值得爲之作器。按,參照應侯視工鼎銘"我多俘戎"句,此處應釋爲"我俘戎"。

12. 余弗敢且: 金文習用語,如耳卣"弗敢且"(《集成》5384)。彝銘中又有"弗叚組(沮)"(師袁簋《集成》4313),"弗敢取"(牆盤《集成》10175,鄧小仲方鼎《集成》2528、《近出》343。),"弗敢喪"(旐鼎《集成》2555;小臣鼎《集成》2678,又稱易鼎。),"弗敢忘"(虡簋蓋《集成》4167),"弗叚忘"(禹鼎《集成》2833)。"敢"爲助動詞,表示能、會。陳夢家釋"弗敢且"爲"弗敢喪",認爲"且"假爲殂亡之"殂";于豪亮讀"且"爲喪、忘,以爲取、喪二字聲系爲精心旁紐,韻部爲魚陽對轉,喪、忘皆从亡聲,故可轉讀爲忘;唐蘭釋牆盤"弗敢取"爲"弗敢沮",並引《詩經·小雅·小旻》"何日斯沮"毛傳"沮,壞也"爲釋;徐中舒也讀爲沮,敗壞之義;裘錫圭認爲取讀爲喪,喪可讀爲忘,"弗敢取"就是不敢忘;孟蓬生認爲"組"、"且"、"取"與傳世文獻中表示"懈弛"、"懈怠"的沮字相類。《莊子·逍遥遊》"且舉世譽之而不加勸,舉世非之而不加沮","勸"和"沮"爲反義詞,"勸"爲"盡力"義,"沮"當釋爲"懈弛"、"懈怠"。"弗敢且"或"弗敢取"就是不敢懈怠。

13. 余用乍(作)朕王姑罜姬尊(尊)毀(簋)。姑氏用易(賜)釁(眉)壽永命(令),子子孫孫永寶用亯(享): 李學勤認爲"王姑"之"王"通"皇","大"義,"姑"爲父之姊妹。韓巍、趙燕姣所釋相同。王龍正指出"王姑"見於伯庶父簋銘文(唯二月戊寅,伯庶父作王姑凡姜尊簋,其永寶用,《集成》3983),並引《爾雅·釋親》"父之考爲王父,父之妣爲王母。……王父之姊妹爲王姑",推定"王姑"爲祖父的姐妹。

"罜"字,李學勤指出此字不同於一般寫法,或是"罤"的省寫,三門峽上村嶺 M2006 所出盨銘"罤叔奐父作孟姞旅盨"①,罤爲姞姓,與姬姓的應國聯姻。此銘中的王姑罜姬爲應侯見工之父武侯的姊妹,此時大約已

① 河南省文物考古研究所,三門峽市文物工作隊:《上村嶺虢國墓地 M2006 的清理》,《文物》1995 年第 1 期。

經大歸,留住母家,受到見工的尊敬,爲她作器。

永命,金文習語,多與"眉壽""靈終"相連,表長命之義。此句意爲我以作我尊敬的王姑單姬寶簋,姑氏以賜長壽長命,子子孫孫永遠保留用以獻祭。

14. 姬邍(原)母:李學勤認爲"姬原母"是姬姓,字原母,不稱名,當是應侯的姊妹,沒有如曶姬那樣受到敬重。她在應國可能同曶姬常在一起,導致其器物彼此錯置;王龍正認爲"姬原母",與"王姑單姬"爲一人,是其在娘家的姓與名字。

【説明】

《首陽吉金》指出"宋人著録中有一件雁侯簋,銘文僅有摹本,形制、紋飾也與此件相同……這件雁侯簋與宋人著録的雁侯簋當爲同銘器。但是此器的蓋銘與器銘不配,若蓋銘無誤,應該是在隨葬中擺放錯了"。

【附録】

一、宋人著録雁侯簋摹本①

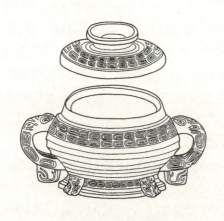
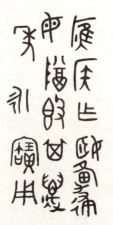

圖三　宋人著録雁侯簋　　　　圖四　宋人著録雁侯簋銘文(蓋銘)

---

① 見《集成》3860。

二、雁侯見工鼎銘文拓片及釋文①

圖五　雁侯見工鼎銘文

釋文：

隹南尸(夷)屮叔(敢)乍(作)非良廣

伐南國王令(命)雁(應)厌(侯)見工曰

政(征)伐屮我□令(命)氒伐南尸(夷)

屮我多孚(俘)戎余用乍(作)朕(朕)剌(烈)

考武厌(侯)隓(尊)鼎用旆(祈)鬟(眉)

壽永令子子孫孫其永寶用盲(享)

---

①　見《新收》，器號 1456；陳佩芬：《夏商周青銅器研究》，上海古籍出版社 2010 年版，器號 363；李朝遠：《雁侯見工鼎》，《上海博物館集刊》第 10 期，上海書畫出版社 2005 年版。

## 三、應國銅器列表

| 器名、時代 | 出土地、收藏地、著録 | 銘　文 |
|---|---|---|
| 雁公鼎(西周早期) | 出土地不詳;現藏上海博物館;《夏商周青銅器研究》①198 | 雁公作旅彝。 |
| 雁公鼎(西周早期) | 出土地不詳;原藏平湖韓氏;《集成》2150 | 雁公作寶尊彝。 |
| 雁公鼎(西周早期) | 出土地不詳;現藏北京故宮博物院;《集成》2151 | 雁公作寶尊彝。 |
| 雁公鼎(西周早期,2件) | 出土地不詳;其一現藏哥倫比亞大學、一爲李陰軒藏品;《集成》2553、2554 | 雁公作寶尊彝,曰:奄以乃弟用夙夕齋享。 |
| 雁公簋(西周早期,2件) | 出土地不詳;二者均原藏清宮,其一現藏北京故宮博物院;《集成》3477、3478 | 雁公作旅彝。 |
| 雁公卣(西周早期) | 出土地不詳;原藏清宮;《西清》16.1、《集成》5177 | 雁公作寶彝。(蓋器同銘) |
| 雁公卣(一稱"應公壺",西周早期) | 出土地不詳;現藏臺北故宮博物院;《集成》5220 | 雁公作寶尊彝。(蓋器同銘) |
| 雁公尊(西周早期) | 出土地不詳;現藏山東師範大學歷史系文物陳列室;《集成》5841 | 雁公作寶尊彝。 |
| 雁公觶(西周早期) | 出土地不詳;原藏吳式芬(《攈古録》);《攈古》1之1.25.4、《集成》6174 | 雁公。 |
| 伯作寶彝鼎(西周早期) | 河南平頂山應國墓地出土;現藏平頂山博物館;《平頂山市新出西周青銅器》② | 伯作寶彝。 |
| 少姜壺(西周早期) | 河南平頂山應國墓地出土;現藏平頂山博物館;《平頂山市新出西周青銅器》 | 少姜作用壺("姜"字形作𦬆,有學者將其釋爲光或姣)。 |

---

① 陳佩芬:《夏商周青銅器研究》,上海古籍出版社 2010 年版。
② 廖佳行、孫清源:《平頂山市新出西周青銅器》,《中原文物》1988 年第 1 期。

續　表

| 器名、時代 | 出土地、收藏地、著錄 | 銘　　文 |
|---|---|---|
| 雁叔鼎(西周早期) | 出土地不詳;《集成》2172 | 雁叔作寶尊鼎。 |
| 雁伯盨(西周中期) | 河南平頂山新華區西周墓葬出土;現藏河南省博物院;《銘文暨圖像集成》5538 | 雁伯作旅盨。 |
| 雁伯壺(2件,西周中期) | 河南平頂山新華區西周墓葬出土;現藏河南省文物考古研究所;《平頂山應國墓地九十五號墓的發掘》① | 雁伯作尊壺。 |
| 雁伯盤(西周中期) | 河南平頂山新華區西周墓葬出土;現藏河南省博物院;《銘文暨圖像集成》14411 | 雁伯作寶盤,其萬年永寶。 |
| 雁侯甗(西周中期) | 河南平頂山應國墓地出土;現藏河南省文物考古研究所;《平頂山應國墓地八十四號墓發掘簡報》② | 雁侯作旅彝。 |
| 雁侯鼎(西周中期) | 河南平頂山應國墓地出土;現藏河南省文物考古研究所;《平頂山應國墓地八十四號墓發掘簡報》 | 雁侯作旅。 |
| 雁侯簋(西周中期) | 出土地不詳;《集成》4045 | 唯正月初吉丁亥,雁侯作生戕姜尊簋,其萬年子子孫孫永寶用。 |
| 再簋(西周中期) | 出土地不詳;現藏保利藝術博物館;《保利藏金》③75 | 唯王十又二月初吉丁亥,王在姞。王弗忘雁公室誠宝再身,賜貝卅朋,馬四匹。再對揚王丕顯休宝,用作文考釐公尊彝,其萬年用夙夜明享,其永寶。 |

----

　　①　河南省文物考古研究所、平頂山市文物管理委員會:《平頂山應國墓地九十五號墓的發掘》,《華夏考古》1992年第3期。
　　②　河南省文物考古研究所、平頂山市文物管理委員會:《平頂山應國墓地八十四號墓發掘簡報》,《文物》1998年第9期。
　　③　《保利藏金》,嶺南美術出版社1999年版。

| 器名、時代 | 出土地、收藏地、著録 | 銘　文 |
| --- | --- | --- |
| 應侯再盨（西周中期） | 河南平頂山應國墓地出土；現藏河南省文物考古研究所；《平頂山應國墓地八十四號墓發掘簡報》 | 應侯再肇作厥丕顯文考釐公尊彝，用綏朋友，用寧福，再其萬年永寶。 |
| 應侯見工鐘（西周中期） | 陝西藍田縣玉川鄉紅門寺出土；現藏藍田縣文物管理所；《記陝西藍田縣新出土的應侯鐘》① | 唯正二月初吉，王歸自成周，應侯見工遺王于周。辛未，王格于康宮，榮伯入右應侯見工，賜彤弓一，彤矢百、馬 |
| 應侯見工鐘（2件，西周中期） | 傳河南平頂山應國墓地出土；現藏保利藝術博物館；《保利藏金續》②158、159 | 唯正二月初吉，王歸自成周，應侯見工遺王于周。辛未，王各于康宮，榮伯入右應侯見工，賜彤弓一，彤矢百、馬 |
| 應侯見工鐘（西周中期） | 出土地不詳；現藏日本東京書道博物館；《三代秦漢遺物上的銘刻》③、《〈記陝西藍田縣新出土的應侯鐘〉一文補正》④ | 四匹。見工敢對揚天子休，用作朕皇祖應侯大林鐘，用賜眉壽永命，子子孫孫永寶用。 |
| 應侯見工鼎（西周中期） | 出土地不詳；現藏上海博物館；《應侯見工鼎》⑤ | 唯南夷屮敢作非良，廣伐南國。王命應侯見工曰：征伐屮。我□命厥伐南夷屮，我多孚戎，余用作朕烈考武侯尊鼎，用祈眉壽永令，子子孫孫其永寶用享。 |
| 應侯見工簋甲、乙（西周中期後段） | 傳河南平頂山應國墓地出土；現藏保利藝術博物館；《保利藏金續》124左、右 | 唯正月初吉丁亥，王在𢆶饗醴。應侯見工侑， |

---

① 韌松、樊維岳：《記陝西藍田縣新出土的應侯鐘》，《文物》1975年10期。
② 《保利藏金續》，嶺南美術出版社2001年版。
③ 中村不折：《三代秦漢遺物上的銘刻》，岩波書店1934年版。
④ 韌松：《〈記陝西藍田縣新出土的應侯鐘〉一文補正》，《文物》1977年8期。
⑤ 李朝遠：《應侯見工鼎》，《上海博物館集刊》第10期，上海書畫出版社2005年版。

| 器名、時代 | 出土地、收藏地、著録 | 銘　　文 |
|---|---|---|
|  |  | 賜玉五玨，馬四匹，矢三千。敢對揚天子休釐，用作皇考武侯尊簋，用賜眉壽永命，子子孫孫永寶。(器蓋同銘) |
| 雁事鼎(西周中期) | 河南平頂山應國墓地出土；現藏河南省博物院；《河南平頂山市出土西周應國青銅器》① | 雁事作旅鼎。 |
| 雁事簋(西周中期) | 河南平頂山新華區西周墓葬出土；現藏河南省博物院；《河南平頂山市出土西周應國青銅器》 | 雁事作旅簋。 |
| 雁事觶(西周中期) | 河南平頂山新華區西周墓葬出土，現藏平頂山博物館；《河南平頂山市出土西周應國青銅器》 | 雁事作父乙寶。 |
| 雁事爵(西周中期) | 河南平頂山新華區西周墓葬出土；現藏平頂山博物館；《河南平頂山市出土西周應國青銅器》 | 雁事作父乙寶。 |
| 鄧公簋(4件，西周中期) | 河南平頂山新華區西周墓葬出土；其中三件現藏平頂山博物館②，另一件現藏河南省博物院③ | 鄧公作雁嫚妣滕簋，其永寶用。 |
| 柞伯簋(西周中期) | 河南平頂山應國墓地出土；現藏河南省文物考古研究所；《新發現的柞伯簋及其銘文考釋》④ | 唯八月辰在庚申，王大射在周。王令南宮率王多士，師餐父率小臣。王𢓊赤金十鈑。王曰："小子、小臣，敬友，有獲則取。"柞伯十稱，弓無 |

---

① 張肇武：《河南平頂山市出土西周應國青銅器》，《文物》1984 年第 12 期。

② 三件器物，一件著録於張肇武、耿殿元：《河南平頂山市發現西周銅簋》，《考古》1981 年第 4 期；一件著録於張肇武：《河南平頂山又出土一件鄧公簋》，《考古與文物》1983 年第 1 期；一件著録於張肇武：《平頂山市出土周代銅器》，《考古》1985 年第 3 期。

③ 張肇武：《平頂山市出土周代銅器》，《考古》1985 年第 3 期。

④ 王龍正、姜濤、袁俊傑：《新發現的柞伯簋及其銘文考釋》，《文物》1998 年第 9 期。

續　表

| 器名、時代 | 出土地、收藏地、著録 | 銘　　文 |
|---|---|---|
| | | 廢矢。王則畀柞伯赤金十鈑，誕賜稅見。柞伯用作周公寶尊彝。 |
| 霝尊（西周中期） | 河南平頂山應國墓地出土；現藏河南省文物考古研究所；《平頂山應國墓地八十四號墓發掘簡報》 | 霝肇諆作寶尊彝，用夙夕享孝。 |
| 霝卣（西周中期） | 河南平頂山應國墓地出土；現藏河南省文物考古研究所；《平頂山應國墓地八十四號墓發掘簡報》 | 霝肇諆作寶尊彝，用夙夕享孝。（器蓋同銘） |
| 作署宮盂（西周中期） | 河南平頂山應國墓地出土；現藏河南省文物考古研究所；《平頂山應國墓地八十四號墓發掘簡報》 | 作署宮彝，永寶。 |
| 作署宮盤（西周中期） | 河南平頂山應國墓地出土；現藏河南省文物考古研究所；《平頂山應國墓地八十四號墓發掘簡報》 | 作署宮彝，永寶。 |
| 匍盂（西周中期） | 河南平頂山應國墓地出土；現藏河南省文物考古研究所；《匍鴨銅盂與覜聘禮》① | 唯四月既生霸戊申，匍即于氐，青公使司史𡥈，曾匍于柬麿奉韋兩，赤金一鈞，匍敢對揚公休，用作寶尊彝，其永用。 |
| 雁公鼎（西周晚期） | 河南平頂山出土；現藏河南省文物考古研究所；《河南平頂山應國墓地八號墓發掘簡報》② | 雁公作尊𣪘鼎，武帝日丁子子孫孫永寶。 |

---

① 王龍正、姜濤、婁金山：《匍鴨銅盂與覜聘禮》，《文物》1998 年第 4 期。

② 河南省文物考古研究所、平頂山市文物管理局：《河南平頂山應國墓地八號墓發掘簡報》，《華夏考古》2007 年第 1 期。

| 器名、時代 | 出土地、收藏地、著録 | 銘　文 |
|---|---|---|
| 雁侯鼎(西周晚期) | 河南平頂山應國墓地出土;現藏平頂山博物館;《河南平頂山市出土的應國青銅器》① | 唯□月丁亥,雁侯作尊鼎。 |
| 雁侯鼎(西周晚期) | 河南平頂山新華區採集;現藏平頂山博物館;《平頂山市西高皇魚塘撈出的一批應國銅器》② | □□□[初]吉丁亥,雁□□□□□烈祖釐[公]□□□□眉壽,□□□=□=其永寶用。 |
| 雁侯簋(西周晚期) | 出土地不詳;據《考古圖》所載,原藏於扶風乞伏氏;《集成》3860 | 雁侯作姬原母尊簋,其萬年永寶用。 |
| 雁侯盨(西周晚期) | 河南平頂山應國墓地出土;現藏上海博物館;《夏商周青銅器研究》398 | 雁侯作寶䔑簋。 |
| 雁侯盨蓋(西周晚期) | 河南平頂山應國墓地出土;現藏於美籍華人崔如琢;《鑒賞大家崔如琢——一批驚世藏品初現藏界》③ | 雁侯作寶䔑簋。 |
| 雁侯盨(西周晚期,同出4件,皆殘損,其中2件留有銘文) | 河南平頂山新華區採集;現藏平頂山博物館;《平頂山市西高皇魚塘撈出的一批應國銅器》 | 雁侯作旅盨,其萬年永寶。 |
| 雁侯壺甲、乙(西周晚期) | 傳河南平頂山應國墓地出土;現藏保利藝術博物館;《保利藏金續》155左、右 | 雁侯作旅壺,其萬年永寶用。 |
| 雁侯盤(西周晚期) | 傳河南平頂山應國墓地出土;現藏保利藝術博物館;《保利藏金》115 | 雁侯作寶盤盉。 |
| 雁侯匜(西周晚期) | 河南平頂山應國墓地出土;現藏平頂山博物館;《河南平頂山市出土的應國青銅器》 | 雁侯作匜,子子孫孫其永寶用。 |

① 婁金山:《河南平頂山市出土的應國青銅器》,《考古》2003年第3期。
② 平頂山文物管理局:《平頂山市西高皇魚塘撈出的一批應國銅器》,《中原文物》2010年第2期。
③ 董凡:《鑒賞大家崔如琢——一批驚世藏品初現藏界》,《收藏界》2005年第1期。

續　表

| 器名、時代 | 出土地、收藏地、著録 | 銘　文 |
|---|---|---|
| 雁姚鬲(2件,西周晚期) | 河南平頂山應國墓地出土;現藏平頂山博物館;《河南平頂山市出土的應國青銅器》 | 雁姚作叔諆父尊鬲,其永寶用享。 |
| 雁姚簋(3件,西周晚期) | 河南平頂山應國墓地出土;現藏平頂山博物館;《河南平頂山市出土的應國青銅器》 | 唯十月丁亥,雁姚作叔諆父尊簋,叔諆父其用賜眉壽萬年,子子孫永寶用享。(器蓋同銘) |
| 雁姚盤(西周晚期) | 河南平頂山應國墓地出土;現藏平頂山博物館;《河南平頂山市出土的應國青銅器》 | 雁姚作叔諆父寶盤,其萬年子子孫孫永寶用享。 |
| 丁兒鼎蓋(春秋晚期) | 河南南陽地區出土;現藏南陽市博物館;《南陽市博物館藏兩周銘文銅器介紹》① | 唯正十月壬午,雁侯之孫丁兒擇其吉金,玄鏐鑢鋁,自作食飤齍,眉壽無期,永保用之。 |
| 雁申姜鼎 | | 雁申姜作寶鼎,子子孫孫永寶。② |

## 【參考文獻】

1. 謝明文:《攻研雜誌(四)——讀"首陽吉金"札記之一》,http://www.guwenzi.com/SrcShow.asp?Src_ID=530,2008 年 10 月 23 日發佈。

2. 蘇郁茜:《應侯簋》,沈寶春主編:《〈首陽吉金〉選釋》,麗文文化出版社 2009 年版。

3. 高佑仁:《從〈首陽吉金〉之雁侯簋看金文"魯"字的一種特殊寫

---

① 尹俊敏、劉富亨:《南陽市博物館藏兩周銘文銅器介紹》,《中原文物》1992 年第 2 期。
② 此器銘文僅見於金榮權所著《周代淮河上游諸侯國研究》(河南大學出版社 2012 年版)第 27 頁,稱出自應國墓地 7 號墓,引自陳夢家《西周銅器斷代》(中華書局 2004 年版)第 78 頁,是宣王時器。核諸陳書原文,並未見載。復查該書宣王時器,也未見。復核諸《應國墓》一書,仍未見。不知金書其據爲何。

法》,復旦大學出土文獻與古文字研究中心官網 www. guwenzi. com,2009 年 2 月 11 日發佈。

4. 李學勤:《〈首陽吉金〉應侯簋考釋》,《人文中國學報》第十五期,上海古籍出版社 2009 年版;又見於《通向文明之路》,商務印書館 2010年版。

5. 王龍正、劉曉紅、曹國朋:《新見應侯見工簋銘文考釋》,《中原文物》2009 年第 10 期。

6. 韓巍:《讀〈首陽吉金〉瑣記六則》,朱鳳瀚主編:《新出金文與西周歷史》,上海古籍出版社 2011 年版。

7. 何景成:《應侯視工青銅器研究》,朱鳳瀚主編:《新出金文與西周歷史》,上海古籍出版社 2011 年版。

8. 趙燕姣:《應侯見工簋銘文補釋》,朱鳳瀚主編:《新出金文與西周歷史》,上海古籍出版社 2011 年版。

9. 王龍正:《應侯見工鼎與西周征三苗》,《紀念徐中舒先生誕辰 110周年國際學術研討會論文集》,巴蜀出版社 2010 年版。

10. 陳佩芬:《應侯見工鼎》,《夏商周青銅器研究·西周篇上》,上海古籍出版社 2004 年版。

11. 趙瑩:《讀金札記二則》,《古文字研究》第二十八輯,中華書局2010 年版。

12. 王國維:《生霸死霸考》,《觀堂集林》(第 1 册),中華書局 1959年版。

13. 陳夢家:《西周銅器斷代》,中華書局 2004 年版。

14. 陳夢家:《王若曰考》,《尚書通論》,中華書局 2005 年版。

15. 董作賓:《董作賓學術論著》,(臺北)世界書局 2008 年版。

16. 董作賓:《王若曰古義》,《説文月刊》第四卷(合刊本),1944 年。

17. 黃盛璋:《釋初吉》,《歷史研究》1958 年第 4 期。

18. 劉雨:《金文初古辨析》,《文物》1982 年第 11 期。

19. 于省吾:《"王若曰"釋義》,《中國語文》1966 年第 2 期。

20. 張懷通:《"王若曰"新釋》,《歷史研究》2008 年第 2 期。

21. 吳鎮烽：《關於應侯鐘銘文的解釋》，《考古文選》，科學出版社 2002 年版。

22. 裘錫圭：《甲骨文中的見與視》，《甲骨發現一百周年學術研討會論文集》，文史哲出版社 1998 年版。

23. 裘錫圭：《應侯視工簋補釋》，《文物》2002 年第 7 期。

24. 劉釗：《利用郭店楚簡字形考釋金文一例》，《古文字研究》第二十四輯，中華書局 2002 年版。

25. 林澐：《究竟是"翦伐"還是"撲伐"》，《古文字研究》第二十五輯，中華書局 2004 年版。

26. 徐中舒：《西周牆盤銘文箋釋》，《考古學報》1978 年第 2 期。

27. 唐蘭：《略論西周微史家族窖藏青銅器群的重要意義》，《文物》1978 年第 3 期。

28. 孟蓬生：《師袁簋"弗叚組"新解》，http：//www.gwz.fudan.edu.cn／SrcShow.asp?Src_ID＝705，2009 年 2 月 25 日發佈。

29. 沈培：《再談西周金文"叚"表示情態的用法》，《中國古代青銅器國際研討會論文集》，上海博物館、香港中文大學文物館 2010 年版。

30. 河南省文物考古研究所、平頂山市文物管理局編：《平頂山應國墓地》，大象出版社 2012 年版。

# 21. 晉侯𩵀盨

《首陽吉金》第 40 器(第 115 頁),西周晚期(公元前 9 世紀上半葉——前 771 年)

圖一　晉侯𩵀盨

圖二　晉侯𩵀盨銘文

【釋文】

佳(唯)正月初吉

庚寅晉侯𩵀

乍(作)寶尊彶(及)盨

其用田獸(狩)甚(湛)

樂于邍(原)迦(隰)其
邁(萬)年永寶用

**【集釋】**

1. 晉侯郪:《首陽吉金》將此字隸定爲郪。但關於晉侯郪的身份,學者尚有分歧,大致有四種觀點:(1)晉厲侯福。馬承源認爲郪字構形似會意兼形聲,芈也當是聲符。"芈"字有兩種聲讀,《説文》"芈,叢生艸也,象芈嶽相並出也。凡芈之屬皆从芈。讀若浞",《集韻》"芈,方六切,音福,義並同",芈音福。文獻記載晉厲侯名福,晉侯郪當是晉厲侯。(2)晉厲侯或靖侯宜臼。裘錫圭認爲郪讀爲福不能成立。他指出《集韻》入聲屋韻方六切"福"小韻中,只有"美"字而没有"芈"字,芈既無福音,讀郪爲福就不能成立了。他認爲西周銅器盉尊(《集成》6011)、柞鐘(《集成》133—136,138)的"對"字,寫法與晉侯郪之郪相同。晉侯對之"對"是字而不是名,可能以"對"爲字的晉侯有兩位,即厲侯福和靖侯宜臼。《史記·晉世家》"成侯子福,是爲厲侯",《索隱》"《系本》作'輻'。""輻"可能爲厲侯名之本字,"對"爲厲侯之字,當讀爲"轛"。《説文》"轛,車橫軨也。从車,對聲。"輻和轛都是車的一部分,而且都是一種插入某處的木條。因此,厲侯有可能名"輻"字"轛"。而晉侯對有可能爲靖侯宜臼,則是由於"對"與"碓"古音相近,《説文》"碓,舂也",則與靖侯宜臼之名相應。但是,他也指出"從 M1、M2 所出陶器、銅器大概屬於西周中晚期之交來看,M1 的墓主晉侯對似以是厲侯的可能性爲大"。(3)晉靖侯宜臼。孫華認爲從晉侯郪組墓與該墓地其他組墓的位置排列關係和年代來看,把晉侯郪墓當作晉靖侯宜臼墓比當作晉厲侯福墓更合理。(4)晉釐侯司徒。馮時認爲,晉侯匹與晉侯對當係一人,同指釐侯。李學勤也認爲晉侯對相當釐侯司徒。《左傳》桓公六年:"晉以僖侯廢司徒",釐侯名司徒是不可移的。"對"可訓爲配、偶,古代婚配之事屬司徒之職,司徒與對或亦一名一字。

2. 彶:馬承源指出第一組器銘爲"晉侯作寶尊彶盨",第二組(按:關於分組,參看"説明"部分)器銘爲"晉侯作寶尊盨","彶"字當與智鼎"迺卑

□以曶酒彶羊"(《集成》2838)之"彶"字用法相同,假爲及,第一組盨銘用此連接詞大約是爲了行款均勻湊字數的需要;周亞引《説文》"彶,急行也",以爲彶盨當與行盨同義。西周晚期爲甫人盨銘"爲甫人行盨,用征用行"(《集成》4406)是行盨用於征行。晉侯𫐆盨銘"其用田獸"知其乃狩獵時所用。凡在田狩或征行等流動性活動時所用之器,可用彶、行、旅等字修飾器名,以表明器之用途。按,"彶"字在金文中的用法,大致有以下幾種: 1. 用作動詞,意爲"到達",格伯簋"厥從格伯按彶匐"(《集成》4264); 2. 用作連詞,通"及",如不嬰簋"汝彶戎大敦"(《集成》4328);3. 同"及",意爲"比得上,趕得上",如毛公鼎"司余小子弗彶"(《集成》2841)。

3. 其用田獸(狩)甚(湛)樂于邍(原)迎(隰):獸,通狩,指田獵;甚,馬承源讀爲湛。湛,《方言》"安也"。邍,馬承源指出即原野之原的古文,有別於從厂從泉之原。迎,馬承源指出通隰。

## 【説明】

《首陽吉金》指出"銅盨是西周中期出現的新器物,盛行於西周晚期,春秋早期以後絶迹。盨是由簋演變而來的,二者有很深的淵源,它的産生是周人重食文化的表現。這件晉侯𫐆盨的形制十分奇巧,不同於一般形制的盨。晉侯𫐆盨共有兩組六器,1992 年山西曲沃縣北趙村晉侯墓地出土,曾流散於香港,逐漸回收。這一組共有四件,形制、紋飾、銘文均相同,其餘三件現藏上海博物館"。

實際上,關於晉侯𫐆盨的件數,學者之間有着不同的説法:

馬承源在《晉侯𫐆盨》一文中指出"晉侯𫐆盨發現兩組六器,收歸四器。第一組,長方形盨,陸續發現四器,收歸三器;第二組,橢圓形盨,發現兩器,收歸一器,另一器銘文已基本損壞"。

第一組晉侯𫐆盨,長方形圓角,兩側各設一獸耳,器口沿飾 ∽ 形有冠的龍紋帶,腹飾横條溝棱紋。蓋頂有四紐可卻置。三器尺寸分別爲: 1. 口縱 13.5,口横 22.1,高 16.2,最寬 30 釐米;2. 口縱 13.6,口横 21.3,高 17.5,最寬 30 釐米;3. 口縱 13.5,口横 21.4,高 17.6,最寬 30.2 釐米。

第二組晉侯𤱶盨,橢圓形,蓋沿及口沿飾麟紋,腹飾橫條溝棱紋。蓋頂有環形鈕,器底設負器狀穿靴人以爲四足,形制極少見。

孫華指出"這兩組 6 件(按:指馬承源先生所説"晉侯𤱶盨發現兩組六器")晉侯𤱶盨並不是晉侯𤱶組墓被盜出土的全部銅盨,李伯謙在日本見到的一件晉侯𤱶盨,其銘文共 23 字(含重文 2):'唯正月初吉丁亥,晉侯𤱶作寶盨,其萬年子子孫孫永寶用。'① 銘文格式及器形同馬承源所説的第二組晉侯𤱶盨,文字也只少一'尊'字,顯然它與第二組晉侯𤱶盨爲一組列盨。流入日本的這件晉侯𤱶盨不可能是馬承源在香港見到的那件沒有收歸的晉侯𤱶盨,因爲香港那件爲長方形,銘文已基本損壞;而日本這件爲橢圓形,銘文基本完整。尚存香港的那件晉侯𤱶殘盨與北趙晉侯𤱶墓(M1)出土的有銘銅盨殘片也不是一件,因爲前者屬第一組長方形盨,銘文排列爲五行 30 字,而後者銘文僅爲三行,與第二組橢圓形晉侯𤱶盨相同。這樣,全部的晉侯𤱶盨應該有 8 件,其中第一組和第二組各 4 件"。

關於晉侯𤱶銅器所出之墓葬,學者們指出,當是山西北趙的 M1、M2。馬承源指出"《文物》1993 年第 3 期《1992 年春天馬一曲村遺址墓葬發掘報告》中 M2 出土器物圖四二之 4 銅蓋鈕,其形式和晉侯𤱶盨的蓋鈕完全相同,上海博物館三盨中,有一盨蓋鈕不全,所發掘殘件當是此盨的劫餘物"。李伯謙也曾指出,M1、M2 組出土的銅盨碎片,花紋有與流入日本的晉侯對盨相似者,晉侯對銅器可能由 M1、M2 組墓葬中盜出。裘錫圭説"《報告》(按:指《1992 年春天馬一曲村遺址墓葬發掘報告》,《文物》1993 年第 3 期)發表的 M1 所出銅容器殘片銘文,是一篇排成三行的銘文的中段,其文字與行款與馬文所發表的第二組盨銘的中段完全相同",可見晉侯𤱶諸器毫無疑問是出自 M1、M2 墓葬的。M1 的主人應即晉侯𤱶,M2 的主人則是其配偶。

## 【參考文獻】

1. 蔡明芬:《晉侯𤱶盨》,沈寶春主編:《〈首陽吉金〉選釋》,麗文文化

---

① 李伯謙:《晉國始封地考略》,《中國文物報》1993 年 12 月 12 日第 3 版。

出版社 2009 年版。

2. 馬承源:《晉侯尉盨》,香港中文大學中國語言及文學系編:《第二屆國際中國古文字學研討會論文集》1993 年版。

3. 裘錫圭:《關於晉侯銅器銘文的幾個問題》,《傳統文化與現代化》1994 年第 2 期。

4. 孫華:《關於晉侯尉組墓的幾個問題》,《文物》1995 年第 9 期。

5. 周亞:《館藏青銅器概論》,《上海博物館集刊》第 7 期,上海書畫出版社 1996 年版。

6. 李伯謙:《晉國始封地考略》,《中國文物報》1993 年 12 月 12 日第 3 版。

# 22. 柞　　鐘

《首陽吉金》第 41 器(第 118 頁),西周晚期(公元前 9 世紀上半葉—
前 771 年)

圖一　柞鐘

【釋文】

史柞乍(作)朕皇考龢鐘用㯟
□朕皇考用□□無疆康嬹
屯(純)魯永命用祈多福柞其
眉壽萬

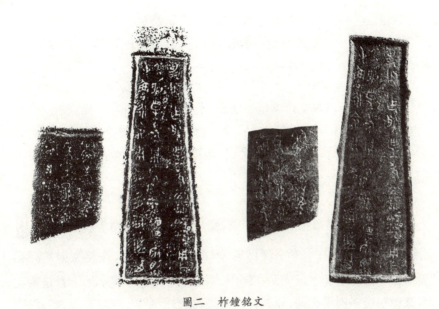

圖二　柞鐘銘文

　　年子子孫孫永
　　寶用享

**【集釋】**

　　1. 史柞：史，官職名，《説文》“記事者也。从又持中。中，正也。凡史之屬皆从史”。《禮記·玉藻》謂“動則左史書之，言則右史書之”，《周禮·天官·冢宰》“宰夫”謂“六曰史，掌官書以贊治”，鄭玄注“史，掌書者”，賈公彦疏“史，主造文書也”。此外，金文所見史的職能還有册命、賞賜、儐右、卜筮等。金文中史、事、吏常混用。柞，作器者之名。

　　2. 朕皇考：朕，《説文》“我也”，作器者自稱，西周中期以來，多在“父考”前加“朕”字。皇，《説文》“大也”，常用以形容天、帝、祖考，如《詩經·大雅·皇矣》“皇矣上帝”，毛傳“皇，大”。考，《爾雅·釋親》“父爲考，母爲妣”，《禮記·曲禮下》“生曰父，曰母，曰妻；死曰考，曰妣，曰嬪”，考爲父之死稱。但孔穎達疏曰“此生死異稱，出《爾雅》文。若通而

137

言之亦通也。《尚書》云‘大傷厥考心’，又云‘聰聽祖考之彝訓’，《倉頡篇》云‘考妣延年’……並非生死異稱矣”，指出“考”並非絶對是父之死稱。此處是史柞爲已故的父考作鐘。

3. 龢鐘：龢，《説文》“調也。从龠，禾聲。讀與和同”。龠，《説文》“樂之竹管，三孔，以和衆聲也。从品、侖。侖，理也。凡龠之屬皆从龠”。龠爲樂器，所發之聲和諧即爲龢。金文、典籍中的龢也指政治或其他關係的和諧。

4. 康龑：康，《爾雅·釋詁》“康，樂也”。龑，吴大澂等釋爲虔，但與虔字字形不同；李孝定釋爲龢，認爲字从鬳，虍聲，在銘文中當讀爲“龢”；徐中舒認爲此字象虎頭在網中，兩手上下持之。從字形上看是篆文夐，文獻中瓊多與璚相通，夐與睿也可通，康龑即康夐。康，長也，睿，深明也，聖智之意。高鴻縉釋爲娛，認爲此字“即甲文之變，原从二手舉網捕魚，魚亦聲。乃漁之初形。此从二手舉網，虎省聲。魚聲、虎聲古同，故知爲漁之變。此處通假爲娛。《説文》‘娛，樂也’”。康、娛爲同義詞連用，和樂之義。彝銘中又有“康勵”，意與康龑同。

5. 屯（純）魯：屯，有厚意。《國語·晉語四》“厚之至也，故曰屯”，韋昭注“屯，厚也”。經傳屯作“純”，純亦有厚意，《説文》“綧，純赤也”，段玉裁注“純，同醇，厚也”。魯，美、大、嘉、善之意。金文中又有屯段，經典作“純嘏”。魯、嘏同在魚部，可通假。《詩經·魯頌·閟宫》“天錫公純嘏，眉壽保魯”，《詩經·大雅·卷阿》“豈弟君子，俾爾彌爾性，純嘏爾常矣”，《詩經·小雅·賓之初筵》“錫爾純嘏，子孫其湛”，朱熹注“嘏，福也”。屯魯即大福、厚福之義。

6. 永命：永，《説文》“長也。象水巠理之長。《詩》曰‘江之永矣’”。永命亦見於傳世文獻，《尚書·召誥》“王其德之用，祈天永命”，孔安國傳“言王當其德之用,求天長命以歷年"。陳英傑認爲,彝銘中的永命"其實包含了壽命和禄爵兩種訴求……與壽考類語詞連言的偏指壽命"。此處義爲長命。

7. 眉壽:金文中常見的壽考類詞彙,也見於傳世文獻。《詩經·豳風·七月》"以介眉壽",《詩經·周頌·雝》"綏我眉壽,介以繁祉",《詩經·魯頌·閟宫》"萬有千歲,眉壽無害",毛亨傳"眉壽,豪眉也",孔穎達疏"人年老,必有豪毛秀出者,故知眉謂豪眉也"。《方言》"眉、棃、鮐,老也。東齊曰眉,燕代之北鄙曰棃,宋衛兖豫之内曰臺,秦晉之郊、陳兖之會曰耇鮐"。眉壽義爲長壽。

8. 子子孫孫永寶用享:金文中作器者祈求子孫繁衍不絶的表述語。意即希望子孫後代永遠保有享用器物。

## 【説明】

《首陽吉金》指出"據銘文,這件鐘爲一套編鐘之一件,根據尺寸和測音結果推斷,可能是編鐘中的第三件。'柞'亦見於 1960 年陝西省扶風縣齊家村窖藏出土的柞鐘銘文"。

與齊家村柞鐘同出的還有幾父壺,中義鐘,中友父簋、盤、匜,叔□文鼎,白邦父鬲,中我觶等二十八件帶銘文的銅器,另有十一件無銘文銅器。

齊家村柞鐘,一套共八件,形制、紋飾基本相同,大小遞減,前四件各鑄一篇銘文,後四件鑄一篇銘文,(其中一件鐘無銘文[《銘文暨圖像集成》將該無銘鐘定名爲"柞鐘庚"。]從前後兩鐘來看,當有"用作大鏞(林)鐘",係漏鑄)。其銘文如下:

隹三年四月初吉甲寅,
仲大師右柞,柞易載、朱黄、綏。
嗣五邑甸人事。柞拜手對
揚仲大師休。
用作大鏞鐘,
其子子孫孫永寶(《集成》133~139)

王世民認爲首陽齋柞鐘始於"史(事)柞乍(作)朕皇考龢鐘",止於"柞其眉壽萬年,子子孫孫永寶用享",與扶風窖藏柞鐘相比,文例相同,推測首陽齋的柞鐘銘文"柞"前的"事"屬前鐘"司……事"句的末尾。因此,王世民推測首陽齋柞鐘銘文意爲柞獲得冊命,受命"司……事"。但齊家村柞鐘,係"對揚仲大師休","乍大林鐘"。而首陽齋柞鐘未言作器緣由,自名爲"朕皇考龢鐘",由此看來,兩組柞鐘的關係並不明確。此外,西周編鐘銘文,多數稱"乍某大林鐘",少數稱"乍某龢鐘",因此扶風出土柞"大林鐘"與首陽齋柞"龢鐘"是否原本互爲關聯,值得考慮。因首陽齋柞鐘銘文缺失內容重要的前半部分,二者是否有關聯並不能確定。

## 【參考文獻】

1. 許震宇:《柞鐘》,沈寶春主編:《〈首陽吉金〉選釋》,麗文文化出版社 2009 年版。

2. 王世民:《略説首陽齋收藏的西周編鐘》,《中國古代青銅器國際研討會論文集》,上海博物館、香港中文大學文物館 2010 年版。

3. 陳雙新:《釋青銅樂器自名之修飾語》,《兩周青銅樂器銘辭研究》,河北大學出版社 2003 年版。

4. 徐中舒:《金文嘏辭釋例》,《徐中舒歷史論文選輯》(上),中華書局 1998 年版。

5. 沈培:《釋甲骨文、金文與傳世典籍中跟"眉壽"的"眉"相關的字詞》,復旦大學出土文獻與古文字研究中心網 http://www.gwz.fudan.edu.cn/SrcShow.asp?Src_ID=938,2009 年 10 月 13 日發佈。

6. 陳公柔:《記幾父壺、柞鐘及其同出的銅器》,《考古》1962 年第 2 期。

7. 陝西省博物館、陝西省文物管理委員會編:《扶風齊家村青銅器群》,文物出版社 1963 年版。

# 23. 逨　　鐘

《首陽吉金》第 42 器(第 121 頁),西周晚期(公元前 9 世紀上半葉—前 771 年)

圖一　逨鐘

圖二　逨鐘銘文

【釋文】
　　追孝卲各喜侃
　　前文人前文人嚴在上

戲戲夒夒
降余多
福康爲

## 【集釋】

1. 遳：，此字金文常見，除人名外另有他用。舊釋爲遳，徐同柏認爲是"達"之本字；方濬益認爲是"迹"之籀文；孫詒讓認爲从辵从來，與徠同意；張政烺釋爲遳，从辵，幸聲，假爲弼，輔佐之義。湯餘惠、李學勤釋此字爲遳，認爲 與琴（華）、㛰（差）等字中的㐬旁實爲一字，此字爲"遳"或"遳"（垂从㐬聲），从辵，㐬（垂）聲。差是雙聲字，从㐬、左皆聲。遳，義即是"輔佐"之佐。裘錫圭、陳劍、李零據楚簡資料將之釋爲述，仇、匹之義；董蓮池據郭店簡字形將之隸定爲遳，棗聲，與"述"通，其音與曹近，曹亦有匹偶義。

2. 追孝：追，本義爲逐，"追孝"之追有追念之意。孝，《説文》"善事父母者"。金文中孝的對象主要是逝去的先祖考妣。追孝常見於西周中期以後彝銘，如頌簋"用追孝，祈匄康娛"（《集成》4332）。又見於傳世文獻，《詩經・大雅・文王有聲》"匪棘其欲，遹追來孝"，《尚書・文侯之命》"用會紹乃辟，追孝于前文人"，《禮記・坊記》"修宗廟，敬祀事，教民追孝也"。王引之《經義述聞》謂："《文侯之命》曰'追孝于前文人'言追善德于前文人也。《大雅・文王有聲》篇'遹追來孝'，遹，辭也。來，往也。言追前世之善德也。前世之善德，故曰往孝。即所謂追孝于前文人也。"俞樾《群經平議》釋《文侯之命》"追孝于前文人"曰"猶言追養繼孝也"。追孝指生者繼續祖考生時的供養。

3. 卲各：即昭格。昭，《説文》"日明也"；各，格，至也。文獻中有"昭假"、"奏假"，意義大致相同。《詩經・大雅・烝民》"天監有周，昭假于下"，鄭箋"假，至也。天視周王之政教，其光明乃至于下"。《釋文》："假音格。"《詩經・魯頌・泮水》"允文允武，昭假烈祖"，毛傳"假，至也"。《詩經・周頌·噫嘻》"噫嘻成王,既昭假爾",鄭箋"(周王)其德已著至矣。謂光被四表,格于上下也"。戴震曰:"精誠表見曰昭,貫通所至曰假。"陳初生指出"昭格即以精誠之心感動對方"。陳英傑指出,銘文中"昭"、"各"是祭儀中分別指向人和神的兩種不同行爲,"各"是神靈來至享,"昭"則是生者向天或祖先昭明精誠之心或善德。昭格就是昭明善德,使神來臨。

4. 喜侃:喜,《説文》"樂也";侃,《玉篇》"樂也"。《論語·鄉黨》"侃侃如也",何晏集解引孔安國曰"和樂之貌"。喜侃見於鐘銘,與鐘所具有的娛神作用有關。癲鐘有"用昭格喜侃樂前文人"。喜、侃、樂三字同義連用。

5. 前文人:前文德之人,對先祖的美稱。《尚書·文侯之命》"追孝于前文人",孔安國傳"追孝於前世文德之人"。《詩經·大雅·江漢》"告于文人",毛傳:"文人,文德之人也。"

6. 嚴在上:金文習見"嚴在上,翼在下"。徐中舒認爲此"嚴"與《詩經·大雅·常武》"有嚴天子"、《詩經·商頌·殷武》"天命降監,下民有嚴"之嚴同,讀如《論語》"望之儼然"之儼,意爲莊矜、威嚴。"翼"與《生民》"鳥覆翼下"之翼同,指覆冒在下的子孫。番生簋"不顯皇祖考穆穆克誓厥德,嚴在上,廣啟厥孫子于下"(《集成》4326)可爲"嚴在上,翼在下"做注解。郭沫若認爲,人受生於天曰命,死後其靈不滅曰嚴。嚴、儼相通,靈魂不滅,儼然如在,故謂之嚴。嚴在上,即祖先靈魂在上;王人聰認爲嚴、翼均爲敬意。《詩經·小雅·六月》"薄伐玁狁,以奏膚功。有嚴有翼,共武之服",馬瑞辰謂"嚴、翼皆恭也"。《爾雅·釋詁》"儼,敬也"。中山王䤾方壺"以鄉上帝,以祀先王,穆濟嚴敬,不敢怠荒"(《集成》9735),其中"嚴敬"爲同義並列複合詞,是嚴訓爲敬之佐證。嚴在上,即祖考恭敬地在帝左右;王冠英認爲,從癲鐘"大神其陟降嚴祐"陟、降、嚴、祐四動詞連用情況看,"嚴"應是先人的亡靈在上帝前爲其人間後代的祈福活動。嚴爲多言之意,嚴在上是請先人的亡靈在天帝前多言即多替生者説好話。翼、異則與

“式”同，意爲“法”。異在下，就是祖先的亡靈作法、施法於人間，保證生者“其萬年”。

7. 數數彔彔：金文習語。徐中舒認爲是用以形容祖先在上嚴翼之狀，與《詩經·大雅·常武》“赫赫業業，有嚴天子”中形容天子有嚴之狀的“赫赫業業”同。數，聲从豐，《詩經》中“芃芃”、“蓬蓬”、“菶菶”、“唪唪”皆是其同聲相假字。彔，象皀在泉上之形。《説文》兔皀實爲一字。甲骨金文中，彔魯毚並通。根據石鼓乙“其胡孔庶，臠之毚毚，汪汪趪趪”，毚與趪疊韻，彔當讀胥。“芃芃”、“蓬蓬”、“菶菶”、“唪唪”、“湑湑”，皆有盛意，數數彔彔即形容祖先在上之威嚴之盛。唐蘭認爲彔字从皀聲，與《説文》皋讀若薄同，彔彔數數是雙聲疊韻語，猶云蓬薄、旁薄，形容豐盛之詞；曹錦炎認爲彔所从是兔，兔與睪古音同，故釋彔彔爲繹繹，訓作盛大貌。數數繹繹，是作器者用來形容和讚美其祖先功業即所謂“豐功偉績”的一個常用套語；何琳儀認爲彔从泉得聲，彔彔讀爲淵淵，數數讀爲逢逢，是描繪鐘鼓之聲洪大的詞彙，凡狀聲之辭多可引申爲盛大之貌。陳英傑認爲彔从兔得聲，从泉表意，从泉旁表意與“繁”同，其與“它它熙熙”、“皇皇熙熙”同，表示祈求祖先降福繁多。按：善夫克盨“克其用朝夕享于皇祖考，皇祖考其數數彔彔，降克多福”（《集成》4465）。此銘中，數數彔彔應爲狀祖詞彙，而不是形容降福繁多之語。且“數數彔彔”之後多有“降余多福無疆”之語，“無疆”用以修飾祖先降福不斷，似不需要再以“數數彔彔”修飾祖先所降之福。

8. 康𩁹：康，《爾雅·釋詁》“康，樂也”。𩁹，吴大澂等釋爲虔。但與虔字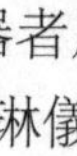字形不同；李孝定釋爲龢，認爲字从龠，虍聲，在銘文中當讀爲“龢”；徐中舒認爲此字象虎頭在網中，兩手上下持之。從字形上看是篆文夐，文獻中瓊多與璿相通，夐與睿也可通，康𩁹即康夐。康，長也。睿，深明也，聖智之意；高鴻縉釋爲娛，認爲此字“即甲文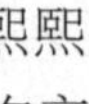之變，原从二手舉網捕魚，魚亦聲。乃漁之初形。此从二手舉網，虎省聲。魚聲、虎聲古同，故

知爲漁之變。此處通假爲娱。《説文》‘娱，樂也’。”康、娱爲同義詞連用，和樂之義。彝銘中又有“康勴”，意與康虔同。

【説明】

　　關於逨鐘鐘名的確定，《首陽吉金》指出，“這是一篇完整銘文中的一段，從銘文的辭意看，當尚有一件鐘的銘文接於此鐘之後。1985 年陝西眉縣馬家鎮楊家村發現一青銅樂器窖藏，其中，乙組編鐘即逨鐘共四件，從音樂性能的檢測看，這四件鐘屬於成套編鐘，編次爲Ⅱ號、Ⅰ號、Ⅲ號、Ⅳ號，整套編鐘應爲八件，尚缺第一、五、六、七鐘。Ⅰ、Ⅱ、Ⅲ號鐘銘文一致，皆單獨成爲完整的一篇，而Ⅳ號鐘的鑄銘是整篇銘文的最後部分，所以Ⅳ號鐘也是這套編鐘的最後一件，與測音結果相合。這件鐘的形制和紋飾與逨鐘完全相同，形制資料（按，原文恐有誤）比Ⅳ號逨鐘略大一些，而銘文也排在Ⅳ號逨鐘的前面，是爲這套編鐘的最後第二件。從測音結果看，其音樂性能的排序亦完全證實了這個結論”。

　　2003 年 1 月，在距逨鐘所出窖藏地僅西約 60 米處再次發現青銅器窖藏，出土了包括逨盤、四十二年逨鼎、四十三年逨鼎、單叔鬲、單五父方壺、叔五父匜等 27 件青銅器。發掘簡報認爲叔五父即單五父、單叔，他們與逨是一名一字的關係。據推斷，這些單逨器與逨鐘爲同一人所鑄。[①]

　　由銘文資料看，本器器主逨曾由王所任命。逨鐘記王令逨“龏司四方虞林”（《近出 106》），逨盤記載“疋㸒兑，龏司四方吴嗇，用宫御”（《陝西眉縣楊家村西周青銅器窖藏》[②]），四十二年逨鼎提到王“肇建長父㽙于楊，余令女（汝）奠長父休，女（汝）克奠于㽙師”（《陝西眉縣楊家村西周青銅器窖藏》）以及逨隨長父大敗獫狁，受賜䆆鬯一卣，鄩田卅、陕田廿一事，四十三年逨鼎載王令逨“官司曆人”，表明逨具有較高的地位。

────────

　　①　陝西省考古研究所、寶雞市考古工作隊、眉縣文化館、楊家村聯合考古隊：《陝西眉縣楊家村西周青銅器窖藏發掘簡報》，《文物》2003 年第 6 期。
　　②　陝西省考古研究所、寶雞市考古工作隊、眉縣文化館、楊家村聯合考古隊：《陝西眉縣楊家村西周青銅器窖藏》，《考古與文物》2003 年第 3 期。

## 【附錄】

一、逨鐘銘文

逨曰：丕顯朕皇考，克肈明氒心，帥用氒先祖考政德，享辟先王，逨御于氒辟，不敢墜，虔夙夕敬氒死事天子，經朕先祖服，多錫逨休，令龏司四方吳（虞）蓉（林）。逨敢對天子丕顯魯休揚，用作朕皇考恭叔龢鐘，鎗鎗恩恩，雝雝鐺鐺（雝雝），用追孝卲格喜侃前文人，前文人嚴在上，嚴嚴臭臭，降余多福，康龢純祐永命，逨其萬年眉壽，畯臣天子，子子孫孫永寶。（《近出》106）

## 【參考文獻】

1. 林佳樺：《逨鐘》，沈寶春主編：《〈首陽吉金〉選釋》，麗文文化出版社 2009 年版。

2. 馬今洪：《首陽齋藏逨鐘及其相關問題》，《中國古代青銅器國際研討會論文集》，上海博物館、香港中文大學文物館 2010 年版。

3. 徐同柏：《從古堂款識學·卷八周逨觶》（清光緒三十二年蒙學報館影石校本），《金文文獻集成》第 10 冊，香港明石文化國際出版有限公司 2004 年版。

4. 方濬益：《綴遺齋彝器考釋·單伯鐘》（1935 年商務印書館石印本），《金文文獻集成》第 14 冊，香港明石文化國際出版有限公司 2004 年版。

5. 孫詒讓：《名原上》，齊魯書社 1986 年版，第 15 頁。

6. 張政烺：《何尊銘文解釋補遺》，《文物》1976 年第 1 期。

7. 湯餘惠：《讀金文瑣記》，《出土文獻研究》第三輯，中華書局 1998 年版。

8. 李學勤：《寶雞縣楊家村窖藏單氏家族青銅器群座談紀要》，《考古與文物》2003 年第 3 期。

9. 陳劍：《據郭店簡釋讀西周金文一例》，《北京大學中國古文獻研究中心集刊》第二輯，燕山出版社 2001 年版。

10. 裘錫圭：《讀逨器銘文札記三則》，《文物》2003 年第 6 期。

11. 董蓮池:《西周金文幾個疑難字的再研究》,《古文字研究》第二十八輯,中華書局2010年版。

12. 王引之:《經義述聞》卷三十一"孝"條,江蘇古籍出版社1985年版。

13. 徐中舒:《金文嘏辭釋例》,《徐中舒歷史論文選輯》(上),中華書局1998年版。

14. 陳初生:《金文常用字典》,陝西人民出版社2004年版。

15. 陳英傑:《西周金文作器用途銘辭研究》,線裝書局2009年版。

16. 郭沫若:《周彝中之傳統思想考》,《金文叢考》,人民出版社1954年版。

17. 王人聰:《西周金文"嚴在上"解——並述周人的祖先神觀念》,《考古》1998年第1期。

18. 王冠英:《再説金文套語"嚴在上,異在下"》,《中國歷史文物》2003年第2期。

19. 曹錦炎:《釋兔》,《古文字研究》第二十輯,中華書局2000年版。

20. 何琳儀:《逢逢淵淵釋訓》,《安徽大學學報》2006年第4期。

21. 李孝定、周法高、張日昇編:《金文詁林附録》,香港中文大學出版社1977年版。

22. 高鴻縉:《頌器考釋》,轉引自《金文詁林附録》,香港中文大學出版社1977年版,第1728—1729頁。

23. 劉懷君:《眉縣出土一批西周窖藏青銅樂器》,《文博》1987年第2期。

24. 陝西省考古研究所、寶雞市考古工作隊、眉縣文化館、楊家村聯合考古隊:《陝西眉縣楊家村西周青銅器窖藏發掘簡報》,《文物》2003年第6期。

# 24. 蔡侯鼎

《首陽吉金》第 44 器（第 126 頁），春秋早期（公元前 770 年—前 7 世紀上半葉）

圖一　蔡侯鼎

圖二　蔡侯鼎銘文

【釋文】

蔡侯乍(作)宋

姬燹(媵)鼎其

萬年子子孫孫

永寶用享

## 【集釋】

1. 蔡：《説文》“蔡，艸也，从艸祭聲”，“丯，艸蔡也，象艸生之散亂也……讀若介”。胡吉宣指出“以古文考之，蔡、丯實爲一字。……丯與祭音近，古人假祭爲丯，復以草名而加艸爲蔡，假之既久，遂分爲二字矣。……古者地以物名，封邑因之，故地多叢木謂之楚，地宜禾謂之秦，地多亂草則謂之丯”。何琳儀等認爲 🀫 字釋爲“蔡”或“殺”是音近假借現象，實際上該字形是“衰”字的簡化形式。後來“衰”與“蔡”、“殺”發生了分化，在兩周金文中 🀫 字或“🀫”字均可讀爲“蔡”，基本是作爲表示國名、地名、姓氏等專有名詞來使用，也有少數可讀爲“殺”的。而“衰”的本義逐漸被“縗”所代替。

蔡，周代諸侯國，姬姓。始封之君是文王之子、武王之弟叔度。國於蔡，今河南駐馬店上蔡縣。武王去世後，管叔、蔡叔挾殷人作亂，周公旦平叛，流放蔡叔。蔡叔死，周公封其子胡於蔡，是爲蔡仲。蔡國居於鄭、齊、晉、楚、吳之間，外患不斷，內亂不止。《左傳》莊公十年、十四年記載，蔡哀侯十一年（公元前 684 年），“蔡哀侯娶于陳，息侯亦娶焉。息嬀將歸，過蔡。蔡侯曰：‘吾姨也。’止而見之，弗賓。息侯聞之，怒，使謂楚文王曰：‘伐我，吾求救於蔡而伐之。’楚子從之。秋九月，楚敗蔡師于莘，以蔡侯獻舞歸”。楚文王伐蔡，虜哀侯。後，“蔡哀侯爲莘故，繩息嬀以語楚子”，楚人滅息，“以息嬀歸，生堵敖及成王焉”，但是息嬀始終沉默不語。楚文王問其故，她說“吾一婦人而事二夫，縱弗能死，其又奚言”？楚文王以蔡侯滅息，遂伐蔡。《左傳》借君子語說，“《商書》所謂‘惡之易也，如火之燎于原，不可鄉邇，其猶可撲滅’者，其如蔡哀侯乎”？蔡靈侯十二年（公元前 531 年），楚靈王殺靈侯，滅蔡，使公子棄疾爲蔡公。後公子棄疾爲楚君，復立蔡，蔡景侯之子盧爲平侯。平侯遷新蔡（今河南駐馬店新蔡縣）。此後，蔡搖擺於吳、楚之間。蔡昭侯時遷於州來（今安徽鳳陽壽州）。蔡侯齊四年（公元前 447 年），楚惠王滅蔡，蔡侯齊亡，蔡遂絶祀。

2. 宋姬：宋字最早見於甲骨文，在甲骨文中作人名、地名用字。《説文》“宋，居也，从宀从木，讀若送”。《釋名》“宋，送也，地接淮泗而東南傾，以爲殷後"。

　　宋，周代諸侯國，子姓。周公旦平定武庚叛亂後，封微子啓於宋，國於商丘(今河南商丘)。春秋時期，宋襄公一度位列春秋五霸之一。宋襄公十二年(公元前639年)，宋襄公爲鹿上之盟，公子目夷進諫説"小國争盟，禍也"，不聽。秋，諸侯會宋公盟於盂。目夷説："禍其在此乎？君欲已甚，何以堪之！"於是楚執宋襄公以伐宋。冬，會於亳，以釋宋公。子魚曰："禍猶未也。"十三年夏，宋伐鄭。子魚曰："禍在此矣。"秋，楚伐宋以救鄭。襄公將戰，子魚①諫曰："天之棄商久矣，不可。"冬十一月，宋襄公與楚成王戰於泓。楚人未渡河，目夷曰："彼衆我寡，及其未濟擊之。"宋襄公不聽。渡河後還未成列，目夷又説"可擊"，公曰："待其已陳。"排好軍陣，宋人擊之。宋師大敗，襄公傷股。國人皆怨公，公曰："君子不重傷，不擒二毛，不鼓不成列。"這就是春秋時期著名的泓之戰。戰國時期，戴公後裔司城子罕取代宋桓侯。公元前318年，宋君戴偃稱王，宋曾一度打敗周邊國家。公元前286年，被齊國所滅。

　　此器爲媵器。蔡爲姬姓國，因此宋姬當是蔡國女嫁與宋國者，其稱名方式爲夫之國＋母國姓。


　　3. 媵(媵)：從字形來看，該字與《金文編》中所收録的"媵"字寫法相同。張光裕指出銘文中的"媵"字從"心"，與"媵"字相若。但由辭例看，當爲"媵"字。寫作"媵"，或許由於字形近似。在媵器銘文中，媵字的寫法並非固定不變，可根據字形分別隸定爲媵、賸、塍、勝，它們的聲符相同，但分別由女、貝、土、子作爲形符，其中，從貝的"賸"字在金文中最爲常見。由於文字的發展和詞義的演變分化，塍和勝被淘汰，賸成爲了剩的别字，而"媵婚"之意一般只用"媵"表示。

　　媵，《玉篇》女部"送女從嫁"，《儀禮・士昏禮》"媵御餕"，鄭玄注"古者嫁女必娣姪從之，謂之媵"。

---

　　①　《左傳》敘述此事作"大司馬固諫"，有學者認爲進諫者爲時任宋國大司馬的公孫固。

　　媵器是青銅器的一個類別,是專爲嫁女而作的陪嫁器。媵器出現於
西周中期,西周晚期增多。本銘謂"蔡侯作宋姬媵鼎",此器是蔡侯爲蔡國
姬姓女子嫁往宋國所作的陪嫁物。蔡夾於幾個强國之間,搖擺不定。從
文獻看,蔡國曾與陳國、齊國、楚國、吳國保持聯姻關係,如《左傳》莊公十
年"蔡哀侯娶於陳",二十二年"陳厲公,蔡出也",僖公三年"齊侯(齊桓公)
與蔡姬乘舟于囿,蕩公。公懼,變色。禁之,不可。公怒,歸之,未絶之也。
蔡人嫁之",僖公十七年"齊侯(桓公)之夫人三:王姬、徐嬴、蔡姬",襄公
三十年"蔡景侯爲太子般娶於楚",哀公三年"吳世庸如蔡納聘"。從出土
文獻中看,蔡亦與許(蔡大師鼎,《集成》2738)、宋(蔡侯鼎)、鄁(鄁仲姬丹
盤,《近出》1008;鄁仲姬丹匜,《近出》1020)國有聯姻關係。

## 【附録】

　　一、春秋時期蔡國媵器表

| 器名及著錄 | 時代 | 銘　　文 | 通婚國 | 出土地 | 現藏地 |
|---|---|---|---|---|---|
| 蔡侯尊(《集成》5939) | 春秋晚期 | 蔡侯申作大孟姬媵尊。 | 吳 | 1955年安徽壽縣蔡侯墓 | 安徽省博物館 |
| 蔡侯尊(《集成》6010) | 春秋晚期 | 元年正月初吉辛亥,蔡侯申虔恭大命,上下陟否,攝敬不惕,肇佐天子,用作大孟姬媵彝缶,禋享是以,祗盟嘗諦,祐受無已,齊叚整肅,籲文王母,穆穆亹亹,聰害訴揚,威儀遊遊,靈頌託商,康諧穆好,敬配吳王。不諱考壽,子孫蕃昌,永保用之,終歲無疆。 | 吳 | 1955年安徽壽縣蔡侯墓 | 中國國家博物館 |
| 蔡侯申缶(《集成》10004) | 春秋晚期 | 蔡侯申作大孟姬媵盥缶。 | 吳 | 1955年安徽壽縣蔡侯墓 | 安徽省博物館 |

續　表

| 器名及著録 | 時代 | 銘　　文 | 通婚國 | 出土地 | 現藏地 |
|---|---|---|---|---|---|
| 蔡侯盤(《集成》10171) | 春秋晚期 | 元年正月初吉辛亥,蔡侯申虔恭大命,上下陟否,撝敬不惕,肇佐天子,用作大孟姬媵彝盤,禋享是以,祗盟嘗禘,祐受毋已,齊赧整肅,籲文王母,穆穆亹亹,聰害訐揚,威儀遊遊,靈頌託商,康諧穆好,敬配吴王。不諱考壽,子孫蕃昌,永保用之,千歲無疆。 | 吴 | 1955年安徽壽縣蔡侯墓 | 安徽省博物館 |
| 蔡大師鼎(《集成》2738) | 春秋晚期 | 隹正月初吉丁亥,蔡大師腏媵許叔姬可母飤鑞,用祈眉壽,萬年無疆,子子孫孫永寶用之。 | 許 | | |
| 蔡侯簠(2件)(《近出》527、528) | 春秋晚期 | 唯正月初吉丁亥,蔡侯媵孟姬寶匿簠,其眉壽無疆,永寶用之。 | | | 香港私家收藏 |
| 鄬仲姬丹盤(《近出》1008) | 春秋晚期 | 唯王正月初吉丁亥,蔡侯作媵鄬仲姬丹盥盤,用祈眉壽,萬年無疆,子子孫孫永保用之。 | 鄬 | 河南省淅川下寺墓葬乙M3：1① | 河南省博物院 |
| 鄬仲姬丹匜(《近出》1020) | 春秋晚期 | 唯王正月初吉丁亥,蔡侯作媵鄬仲姬丹會匜,用祈眉壽,萬年無疆,子子孫孫永保用之。 | 鄬 | 河南省淅川下寺墓葬乙M3：2 | 河南省博物院 |
| 蔡侯匜(《集成》10195) | 西周晚期 | 蔡侯作姬單媵匜。 | | | 上海博物館 |

---

① 河南省文物研究所、河南省丹江庫區考古發掘隊、淅川縣博物館:《淅川下寺春秋楚墓》,文物出版社1991年版,229頁。

二、金文"媵"字字形表

| 字　形 | 器物名稱 | 器物時代 | 著　録 | 隸　定 |
|---|---|---|---|---|
|  | 龔妊甗 | 西周中期 | 《集成》877 |  |
|  | 尹叔作隩姞鼎 | 西周中期 | 《集成》2282 |  |
|  | 荀侯盤 | 西周中期 | 《集成》10096 |  |
|  | 予叔嬴鬲 | 西周晚期 | 《集成》563 |  |
|  | 輔伯𤔲父鼎 | 西周晚期 | 《集成》2546 |  |
|  | 伯家父簋 | 西周晚期 | 《集成》3856、3857 |  |
|  | 黃君簋蓋 | 西周晚期 | 《集成》4039 |  |
|  | 樊君鬲 | 春秋早期 | 《集成》626 |  |
|  | 弗奴父鼎 | 春秋早期 | 《集成》2589 | 媵 |
|  | 崩弃生鼎 | 春秋早期 | 《集成》2524 |  |
|  | 蘇冶妊鼎 | 春秋早期 | 《集成》2526 |  |
|  | 魯伯大父作□姜簋 | 春秋早期 | 《集成》3988 |  |
|  | 取膚匜 | 春秋早期 | 《集成》10253 |  |
|  | 楚王鼎 | 春秋中期 | 《銘文暨圖像集成》2318 |  |
|  | 鄀伯受簋 | 春秋中期 | 《集成》4599 |  |
|  | 蔡大師鼎 | 春秋晚期 | 《集成》2738 |  |

| 字　形 | 器物名稱 | 器物時代 | 著　錄 | 隸　定 |
|---|---|---|---|---|
| 〔字形〕 | 復公仲簋蓋 | 春秋晚期 | 《集成》4128 | 謄 |
| 〔字形〕 | 許子妝簠蓋 | 春秋晚期 | 《集成》4616 | |
| 〔字形〕 | 蔡侯申缶 | 春秋晚期 | 《集成》10004 | |
| 〔字形〕 | 宋公欒簠 | 春秋晚期 | 《集成》4589(蓋)、4590(器) | 媵 |
| 〔字形〕 | 蔡大司馬燮盤 | 春秋晚期 | 《近年所見有銘銅器簡述》① | |
| 〔字形〕 | 京叔盤 | 西周中期 | 《集成》10095 | 媵(有學者隸定爲"𡡗") |
| 〔字形〕 | 邾伯鬲 | 西周晚期 | 《集成》669 | |
| 〔字形〕 | 伯侯父盤 | 西周晚期 | 《集成》10129 | |
| 〔字形〕 | 嚣伯盤 | 西周晚期 | 《集成》10149 | |
| 〔字形〕 | 陳侯鼎 | 春秋早期 | 《集成》2650 | |
| 〔字形〕 | 陳侯作王仲媯媵簠 | 春秋早期 | 《集成》4604 | |
| 〔字形〕 | 夒侯簠 | 春秋早期 | 《集成》4561 | |
| 〔字形〕 | 曹公盤 | 春秋早期 | 《集成》10144 | |
| 〔字形〕 | 曹公簠 | 春秋晚期 | 《集成》4593 | |
| 〔字形〕 | 陳伯元匜 | 春秋時期 | 《集成》10267 | |

---

① 韓自强、劉海洋：《近年所見有銘銅器簡述》，《古文字研究》第二十四輯，中華書局，2002 年版。

| 字　形 | 器物名稱 | 器物時代 | 著　　錄 | 隸　定 |
|---|---|---|---|---|
| | 㝮侯簋蓋 | 西周晚期 | 《新獲兩周青銅器》① | 媵（有學者隸定爲"媵"） |

## 【參考文獻】

1. 張光裕：《香江新見蔡公子及蔡侯器述略》,《中國文字》新 22 期,藝文印書館 1997 年版,第 151 頁。

2. 胡吉宣：《釋蔡殺》,《中山大學語言歷史研究所週刊》第六冊 4539—4540,轉引自《金文詁林》,第 383 頁。

3. 何琳儀、黃德寬：《説蔡》,《東南文化》1999 年第 5 期。

---

① 陳佩芬：《新獲兩周青銅器》,《上海博物館集刊》第 8 期,2000 年版。

# 25. 秦公鼎　秦公簋

秦公鼎,《首陽吉金》第 45 器(第 128 頁),春秋早期(公元前 770 年—前 7 世紀上半葉)

圖一　秦公鼎

圖二　秦公鼎銘文

秦公鼎,《首陽吉金》第 46 器(第 132 頁),春秋早期(公元前 770 年—前 7 世紀上半葉)

圖三　秦公鼎

圖四　秦公鼎銘文

秦公鼎,《首陽吉金》第 47 器(第 134 頁),春秋早期(公元前 770 年—前 7 世紀上半葉)

圖五　秦公鼎

圖六　秦公鼎銘文

秦公簋,《首陽吉金》第 48 器(第 136 頁),春秋早期(公元前 770 年—前 7 世紀上半葉)

圖七　秦公簋　　　　　　　　　圖八　秦公簋銘文

　　秦公簋,《首陽吉金》第 49 器(第 138 頁),春秋早期(公元前 770 年—前 7 世紀上半葉)

圖九　秦公簋　　　　　　　　　圖十　秦公簋銘文

【釋文】

　　秦公鼎:

　　　秦公乍(作)

158

寶用鼎

秦公簋：
秦公乍(作)
鑄用簋

## 【集釋】

1. 秦公：秦，《説文》"![字形]，伯益之後所封國，地宜禾，从禾舂省。一曰秦，禾名。![字形]，籀文秦从秝"，段玉裁注"地宜禾者，説字形所以从禾从舂也"。秦公鼎"秦"从舂从秝，秦公簋"秦"从秝舂省。此外，秦子器中"秦"無曰，从秝或秝。關於秦，《史記·秦本紀》記載"(大費)佐舜調馴鳥獸，鳥獸多馴服，是爲柏翳。舜賜姓嬴氏。……非子居犬丘，好馬及畜，善養息之……(周孝王)邑之秦，使復續嬴氏祀，號曰秦嬴"。周宣王時，秦莊公伐西戎有功，並有大駱地犬丘，爲西垂大夫。至周平王時，秦襄公以兵送平王，平王封爲諸侯，秦於是始國。

2. 乍(作)鑄：作，常用的作器動詞；鑄，《説文》"銷金也，从金壽聲"。金文中所見鑄字字形或詳或省，取膚盤中作"![字形]"(《集成》10253)，芮公壺作"![字形]"(《集成》9598)，守簋作"![字形]"(《集成》4179)，哀成叔鼎作"![字形]"(《集成》2782)。象手鑄器形，下有皿有火。兩件秦公簋鑄字字形不同，一省金、省火(圖八)；一省金、省火、省。"

## 【説明】

首陽齋藏秦器計秦公鼎三件，秦公簋二件，另有一件垂鱗紋鍑，《首陽吉金》據其獸目交連紋等紋飾和器形特徵，結合甘肅禮縣大堡子山秦公墓所出青銅器綜合判斷，認爲它們屬於春秋早期偏早的秦國青銅器。《首陽吉金》謂"20世紀90年代，在甘肅禮縣大堡子山發現早期秦公陵墓，其中有2號墓、3號墓兩座大墓。據研究，上述秦公鼎以及其他一些器物(按：

指首陽齋和他處所藏秦公簋、垂鱗紋鍑)即出自這兩座大墓"。

據《秦西垂陵區》介紹,甘肅禮縣大堡子山①位於永興川最西端的西漢水北岸,永興、永坪二鄉的交界處,西距禮縣縣城約 13 公里,因其西端高處有一清代修築的土堡圍而得名。禮縣,秦漢時爲西縣。1923 年天水西南鄉出土的秦公簋,有秦漢間人在蓋外刻銘"西一斗七升大半升蓋",器外刻銘"西元器一斗七升奉簋"。西即秦漢時隴西郡西縣。西縣,沿革於西垂名,正是文獻所記早期秦人重要活動地區之一。《史記·秦本紀》:"(周宣王)復予秦仲後(即莊公),及其先大駱地犬丘並有之,爲西垂大夫。"《正義》引《括地志》:"秦州上邽縣西南九十里,漢隴西西縣是也。"《史記·秦本紀》記文公、寧公(按:《秦始皇本紀》作"憲公",秦公鐘"剌剌昭文公、静公、憲公,不墜于上⋯⋯",寧公當是憲公)卒後葬西山。《集解》引徐廣:"皇甫謐云葬於西山,在今隴西之西縣。"《史記·秦始皇本紀》記襄公、文公葬西垂,憲公衙。《集解》引《地理志》云:"馮翊有衙縣。"

1993 年前後,禮縣大堡子山諸墓遭到大規模盜掘,大量秦器流散海內外。1994 年,甘肅省文物考古研究所會同禮縣博物館對大堡子山秦公陵區進行了搶救性發掘,發掘有目字形大墓(M3)、中字形大墓(M2)、車馬坑(M1)一座,中、小型墓葬九座。然隨葬品幾無。

2006 年考古工作者再次對大堡子山進行發掘,發掘了大型建築基址一處,中、小型墓葬兩處七座,祭祀遺迹一處。祭祀遺迹位於大墓 M2 西南 20 米處,計有一座銅樂器坑和四個人祭坑。樂器坑出土了鑄有"秦子"銘文的成套青銅鐘鎛(包括 3 鎛、8 甬鐘以及附屬的掛鈎),另有兩套 5 件一組的石磬。

關於大堡子山秦公墓(M3、M2)的墓主身份問題,學界尚有争議。如上所述,文獻所記載的活動和埋葬於西垂地的秦公有從莊公至憲公的五

①　　另,禮縣除大堡子山秦人墓地外,還有永興鄉趙坪村圓頂山墓地,其位於西漢水南岸,相距大堡子山秦公墓只三四里地。趙坪墓地爲秦貴族墓地,其時代始自春秋早期直至戰國時期。春秋中晚期墓葬 98LDM2,被盜後出土列鼎四,帶蓋鼎一,簋六,推測當葬有七鼎六簋,M1 也有列鼎出土。上海博物館 1992 年底入藏的五件龍紋列鼎當出自此處,晚於所發掘的甘肅省博物館收藏的趙坪鼎。

位秦公。秦公器爲自作器,自稱"秦公",據《史記·秦本紀》"平王封襄公爲諸侯……襄公於是始國,與諸侯通使聘享之禮",當可排除生前未能稱公的莊公。關於秦公大墓墓主的説法主要集中在襄公、文公、静公、憲公。《首陽吉金》採用《秦西垂陵區》觀點,認爲"銘文中的'秦公'應當不出秦襄公或文公的範圍"。樂器坑出土後,關於"秦子"與"秦公"有無關係、關係如何的問題直接影響到判斷秦公、秦子的身份。

　　目前所見秦器中,時代最早的當是不嬰簋,傳世的有秦子戈、秦子矛等,1978 年陝西寶雞發現成套的秦武公鐘、秦武公鎛。

## 【附録】
　　一、目前所見出自大堡子山秦公大墓之有銘秦公器列表

| 器名(件數) | 銘　文 | 收　藏 | 備　注 |
|---|---|---|---|
| 秦公鐘(4) | 秦公作鑄龢鐘。 | 日本 MIHO 美術館藏 | 《中國戰國時代の靈獸》① |
| 秦公鎛(1) | 秦公作鑄鎛□鐘。 | 上海博物館藏 | 《上海博物館新藏秦器研究》② |
| 秦公鼎(7) | 秦公作鑄用鼎。 | 甘肅省博物館藏 | 《禮縣大堡子山秦公墓地及有關問題》③ |
| 秦公鼎(2) | 秦公作鑄用鼎。 | 上海博物館藏 | 《上海博物館新獲秦公器研究》④ |

　　① 《中國戰國時代の靈獸》,轉引自陳昭容《秦公器與秦子器: 兼論甘肅禮縣大堡子山秦墓的墓主》,《中國古代青銅器國際研討會論文集》,上海博物館、香港中文大學文物館 2010 年版。
　　② 李朝遠:《上海博物館新藏秦器研究》,《上海博物館集刊》第 9 期,上海書畫出版社 2002 年版。1998 年底入藏。文中指出同樣形制和紋飾的器日本 MIHO 博物館一件,臺灣清玩雅集雅士藏一件。
　　③ 戴春陽:《禮縣大堡子山秦公墓地及有關問題》,《文物》2000 年第 5 期。1993 年秋甘肅省西和縣公安局繳獲。大小有別,形制相同;相關銅器據盜墓者現場指認出自 M3。
　　④ 李朝遠:《上海博物館新獲秦公器研究》,《上海博物館集刊》第 7 期,上海書畫出版社 1996 年版。1993 年上海博物館從香港購得。

| 器名(件數) | 銘　文 | 收　藏 | 備　注 |
|---|---|---|---|
| 秦公鼎(2) | 𤔟公作寶用鼎。 | 上海博物館藏 | 《上海博物館新獲秦公器研究》 |
| 秦公鼎(3) | 𤔟公作寶用鼎。 | 首陽齋藏,已捐國家 | 《首陽吉金》 |
| 秦公鼎(1) | 𤔟公作鑄用鼎。 | | 《中國青銅器綜論》① |
| 秦公簋(4) | 𤔟公作鑄用簋。 | 甘肅省博物館藏 | 《禮縣大堡子山秦公墓地及有關問題》 |
| 秦公簋(2) | 𤔟公作鑄用簋。 | 首陽齋藏,已捐國家 | 《首陽吉金》 |
| 秦公簋(2) | 𤔟公作寶簋。 | 上海博物館藏 | 《上海博物館新獲秦公器研究》 |
| 秦公簋(2) | 𤔟公作寶簋。 | | 《中國青銅器綜論》② |
| 秦公簋(1) | 𤔟公作寶簋。 | 私人收藏 | 《銘文暨圖像集成》4252 |
| 秦公壺(2) | 𤔟公作鑄尊壺。 | Jamer Lally&Co. 拍賣圖錄;現藏香港御雅居 | 《最新出現的秦公壺》③ |
| 秦公壺(1) | 𤔟公作鑄尊壺。 | 臺灣劉雨海收藏 | 《近年新出現的銅器銘文》④ |

---

　　① 朱鳳瀚:《中國青銅器綜論》,上海古籍出版社 2009 年版,第 1844 頁。朱鳳瀚曾見於香港文物商店,據聞由私人購去。體形較大,形制、紋飾、銘文同於甘肅省博物館所藏七件。

　　② 朱鳳瀚:《中國青銅器綜論》。朱鳳瀚曾見於香港文物商店,形制、紋飾、銘文內容、大小均與上海博物館藏秦公簋基本相同。器、蓋銘文書寫風格不盡同,器銘有折筆,較勁健,但蓋銘較圓轉。

　　③ 李學勤、艾蘭:《最新出現的秦公壺》,《中國文物報》1994 年 10 月 30 日。

　　④ 吳鎮烽:《近年新出現的銅器銘文》,《文博》2008 年第 2 期。文中介紹其與收藏於紐約的壺形制、紋飾、大小基本相同,唯蓋離散,銘文在壺頸內壁倒書。

| 器名(件數) | 銘　文 | 收　藏 | 備　注 |
|---|---|---|---|
| 秦公壺(1) | 秫公作鑄尊壺。 | | 《中國青銅器綜論》① |
| 秦公壺(1) | 秫公作鑄尊壺。 | 2003 年倫敦 Christie's 拍賣行賣品 | 《倫敦新見秦公壺》② |
| 秦公壺(1) | 秫公作鑄尊壺。 | 中國國家博物館 2003 年徵集 | 《中國青銅器綜論》③ |
| 秦公壺(1) | 秫公作鑄尊壺。 | 香港私人收藏 | 《秦公器與秦子器——兼論甘肅禮縣大堡子山秦墓的墓主》 |

　　此外,Christian Deydier 私人收藏的一批金器、《首陽吉金》著録的一件無銘垂鱗紋鍑、上海博物館所藏一對無銘龍紋方壺,從紋飾、形制(上博所藏器特别是鏽色)與甘肅大堡子山所出較爲接近,也應是大堡子山所出。④

## 【參考文獻】

　　1. 陳昭容:《秦公器與秦子器——兼論甘肅禮縣大堡子山秦墓的墓主》,《中國古代青銅器國際研討會論文集》,上海博物館、香港中文大學文物館 2010 年版。

　　2. 曹瑋:《周秦之間的承襲和發展——從范季融先生收藏的秦器談起》,《中國古代青銅器國際研討會論文集》,上海博物館、香港中文大學文物館 2010 年版。

---

　　① 朱鳳瀚見於香港文物商店,其形制、紋飾與銘文及字形均與收藏於紐約的壺同,銘文在壺口内側一面,倒置。"尊"字被鏽掩住大半,按,吴鎮烽所介紹的壺與本壺非常相似,從拓片來看,"尊"字亦被鏽遮住大半,不詳是否爲一器。
　　② 李朝遠:《倫敦新見秦公壺》,《中國文物報》2004 年 2 月 27 日。
　　③ 《中國青銅器綜論》,第 1846 頁。書中指出其與倫敦拍賣的秦公壺形制、紋飾、大小、銘文均近同,器表亦泛黄底。
　　④ 據《秦西垂陵區》、《首陽吉金》、《上海博物館新藏秦器研究》介紹。

3. 禮縣博物館、禮縣秦西垂文化研究會：《秦西垂陵區》，文物出版社 2004 年版。

4. 李峰：《禮縣出土秦國早期銅器及祭祀遺址論綱》，《文物》2011 年第 5 期。

5. 李學勤、艾蘭：《最新出現的秦公壺》，《中國文物報》1994 年 10 月 30 日。

6. 吳鎮烽：《近年新出現的銅器銘文》，《文博》2008 年第 2 期。

7. 李朝遠：《倫敦新見秦公壺》，《中國文物報》2004 年 2 月 27 日。

8. 李朝遠：《上海博物館新獲秦公器研究》，《上海博物館集刊》第 7 期，上海書畫出版社 1996 年版。

9. 戴春陽：《禮縣大堡子山秦公墓地及有關問題》，《文物》2000 年第 5 期。

10. 李朝遠：《上海博物館新藏秦器研究》，《上海博物館集刊》第 9 期，上海書畫出版社 2002 年版。

11. 甘肅省文物考古研究所、禮縣博物館：《甘肅禮縣圓頂山 98LDM2、2000LDM4 春秋秦墓》，《文物》2005 年第 2 期。

12. 早期秦文化聯合考古隊：《2006 年甘肅禮縣大堡子山 21 號建築基址發掘簡報》，《文物》2008 年第 11 期。

13. 陳昭容：《談甘肅禮縣大堡子山秦公墓地及文物》，《大陸雜誌》1995 年第 5 期。

14. 王輝：《也談禮縣大堡子山秦公墓地及其銅器》，《考古與文物》1998 年第 5 期。

15. 張天恩：《試說秦西山陵區的相關問題》，《考古與文物》2003 年第 3 期。

16. 陳平：《淺談禮縣秦公墓地遺存與相關問題》，《考古與文物》1998 年第 5 期。

17. 楊惠福、侯紅偉：《禮縣大堡子山秦公墓主之管見》，《考古與文物》2007 年第 6 期。

18. 梁雲：《甘肅禮縣大堡子山青銅樂器坑探討》，《中國歷史文物》

2008 年第 4 期。

19. 趙化成、王輝、韋正:《禮縣大堡子山秦子"樂器坑"相關問題探討》,《文物》2008 年第 11 期。

20. 馬振智:《關於甘肅禮縣大堡子山秦公墓地的幾個問題》,《西部考古》,三秦出版社 2006 年版。

# 26. 子范鬲

《首陽吉金》第 52 器(第 144 頁),春秋中期(公元前 7 世紀上半葉—前 6 世紀上半葉)

圖一　子范鬲　　　　　　圖二　子范鬲銘文

**【釋文】**

子范乍(作)寶鬲

**【集釋】**

1. 子范:又稱狐偃,晉文公舅父。《左傳》僖公二十三年(公元前 637 年)記載,晉國發生內亂,公子重耳奔狄,"從者狐偃、趙衰、顛頡、魏武子、司空季子”，並最終協助重耳返國。重耳爲晉君之後，晉國勢力不斷壯大。僖公二十五年（公元前 635 年），周王室發生王子帶叛亂，周襄王被迫離開王都，秦人已做好迎接周襄王的準備（“秦伯師於河上，將納王”），狐偃卻對晉文公説：“求諸侯，莫如勤王。諸侯信之，且大義也。繼文之業而信宣於諸侯，今爲可矣。”晉人遂納周王以之爲號召，擴大了晉國在諸侯中的影響。僖公二十七年（公元前 633 年），晉楚城濮之戰前夕，楚人包圍宋國，宋人求救，如何在關鍵時刻取威定霸，是晉人面臨的關鍵問題，狐偃獻計説：“楚始得曹而新昏於衛，若伐曹、衛，楚必救之，則齊、宋免矣”，以此避開楚人鋒芒，而又達到救宋的目的。可見，子范是晉文公的重要謀臣。子范所作器還有子犯鐘。

2. 乍寶鬲：“乍”字當隸定爲“之”。按，子范鬲中爲 字 字，而金文中“乍”多作 字 形，“之”字多作 字 形，對比子范鬲中的字形，此字更近“之”字，而非“乍”。“某乍寶器”爲周代金文常用語，“某之寶器”則較爲少見，但亦有此種用法，如叔朕簠“□□㪤之寶”（《集成》4622）。寶，施謝捷隸定爲“造”，即“子犯之造鬲”。按，銘中 字 字較爲模糊，難以確認。鬲，施謝捷隸定爲“甗”。

## 【附録】

一、子范編鐘銘文[①]

惟王五月初吉丁未，子犯佑晉公左右，來復其邦。諸楚荆不聽命于王所，子犯及晉公率西之六師，搏伐楚荆，孔休，大上楚荆，喪厥師，滅厥孤。子犯佑晉公左右，燮諸侯，俾朝王，克奠王位。王錫子犯輅車、四馬、衣、裳、帶、市、佩。諸侯羞元金于子犯之所，用爲龢鐘九堵，孔淑且碩，乃龢且

---

① 子犯（范）編鐘兩套十六件，二十世紀九十年代初山西聞喜盗墓出土。其中十二件藏於臺北故宮博物院，四件藏臺北震榮堂。張光遠《故宮新藏春秋晉文稱霸“子犯和鐘”初釋》（臺北《故宮文物月刊》第十三卷第 1 期，1995 年）首次介紹。本篇隸定採用裘錫圭《也談子犯編鐘》（臺北《故宮文物月刊》第十三卷第 5 期，1995 年）。

鳴,用燕用寧,用享用孝,用祈眉壽,萬年無疆,子子孫孫,永寶永樂。

## 【參考文獻】

1. 李佩霖:《子范匜》,沈寶春主編:《〈首陽吉金〉選釋》,麗文文化出版社 2009 年版。

2. 施謝捷:《首陽齋藏子犯匜銘補釋》,《中國古代青銅器國際研討會論文集》,上海博物館、香港中文大學文物館 2010 年版。

# 27. 商 鞅 鈹

《首陽吉金》第 67 器(第 182 頁),戰國中晚期(公元前 4 世紀中葉—前 221 年)

圖一　商鞅鈹　　　　　　圖二　商鞅鈹銘文

【釋文】
　　十六年大良造庶長

鞅之造畢淌侯之鑄

## 【集釋】

1. 十六年：應爲秦孝公十六年，即公元前 346 年。根據《史記·秦本紀》記載，秦獻公二十四年卒，"子孝公立，年已二十一歲矣。孝公元年，河山以東彊國六，與齊威、楚宣、魏惠、燕悼、韓哀、趙成侯並……周室微，諸侯力政，争相併。秦僻在雍州，不與中國諸侯之會盟，夷翟遇之。孝公於是布惠，振孤寡，招戰士，明功賞。下令國中曰：'……諸侯卑秦，醜莫大焉……寡人思念先君之意，常痛於心。賓客群臣有能出奇計彊秦者，吾且尊官，與之分土。'……衛鞅聞是令下，西入秦，因景監求見孝公……三年，衛鞅説孝公變法修刑，内務耕稼，外勸戰死之賞罰……居三年……乃拜鞅爲左庶長"。秦孝公時下求賢令，公孫鞅入秦，開始在秦國變法。

2. 大良造：秦爵位名稱，又稱大上造。戰國時期，各國統治者分別制定了不同的爵秩等級，用以賞賜民衆、獎勵軍功。秦的爵位，商鞅變法時分爲二十級：①一級爲公士，二級爲上造，三級爲簪裊，四級爲不更，五級爲大夫，六級爲官大夫，七級爲公大夫，八級爲公乘，九級爲五大夫，十級爲左庶長，十一級爲右庶長，十二級爲左更，十三級爲中更，十四級爲右更，十五級爲少上造，十六級爲大上造，十七級爲駟車庶長，十八級爲大庶長，十九級爲關内侯，二十級爲徹侯。② 據《史記·秦本紀》，秦孝公"十年，衛鞅爲大良造"。大良造是秦爵位的第十六級，《漢書·百官公卿表》又稱"大上造"，屬於高等級的爵位。

《商君書·境内篇》所記載的秦爵制爲："爵自一級以下至小夫命曰校徒、操、出公。爵，自二級已上至不更命曰卒。……吏自操及校以上，大將盡賞行間之吏也。故爵公士也，就爲上造也。故爵上造，就爲簪裊，就爲不更。故爵爲大夫。爵吏而爲縣尉，則賜虜六加五千六百。爵大夫而爲

---

① 關於商鞅所設爵位，學者間還有不同意見。
② 引自班固《漢書·百官公卿表》。

國治,就爲大夫。故爵大夫,就爲公大夫。就爲公乘。就爲五大夫。則稅邑三百家。故爵五大夫。皆有賜邑三百家,有賜稅三百家。爵五大夫有稅邑六百家者,受客。……就爲大庶長。故大庶長就爲左更。故四更也就爲大良造。"

3. 庶長:秦爵位名稱。庶長之意是"爲衆列之長"。[1] 秦的爵位,商鞅變法時分爲二十級,《漢書·百官公卿表》記載"爵:……十左庶長,十一右庶長……十七駟車庶長,十八大庶長,十九關內侯,二十徹侯。皆秦制,以賞功勞"。據《史記·秦本紀》,秦孝公六年"乃拜鞅爲左庶長",左庶長是秦爵位的第十二級,屬於高等級的爵位。

4. 鞅之造:鞅,即商鞅(約公元前 390—前 338 年),本爲衛之諸庶孽公子,名鞅,公孫氏,亦稱公孫鞅,後因擊魏有功,被"封之於、商十五邑"後,稱商君。商鞅"少好刑名之學"。公元前 361 年,秦獻公死,孝公立,他痛感"諸侯卑秦,醜莫大焉",下令求賢,商鞅從魏國來到秦國。他駁斥了舊貴族甘龍、杜摯的"法古無過,循禮無邪"的論調,提出了變古的歷史觀,爲變法做了輿論上的準備。公元前 356 年,秦孝公以商鞅爲左庶長,實行第一次變法。這次變法的主要內容是:"令民爲什伍",建立什伍連坐制,實行連坐法;重農抑商,獎勵耕織;獎勵軍功,建立軍功爵制,規定"有軍功者,各以率(規格,標準)受上爵,爲私鬥者,各以輕重被刑大小",以爵軍功者,廢除了以血緣爲根據的世卿世禄;"燔詩書而明法令"(《韓非子·和氏》),爲了變法而打擊儒家的復古思想。公元前 350 年,商鞅在第一次變法的基礎上,繼續推行新舉措:"令民父子兄弟同室內息者爲禁"(《史記·商君列傳》),改變了秦人的風俗。統一度量衡,"平斗桶權衡丈尺"(《商君列傳》),由中央統一度量衡,結束了春秋以來"公量"、"私量"的不同,便利了賦稅的徵收和商業的經營,爲俸禄制度的實行進行了鋪墊。現存的"商鞅方升",就是當時頒佈的一件標準量器。廢封建,行郡縣。每縣設置令、

---

① 顏師古注《漢書·百官公卿表》。

丞等官職來掌握全縣政事,使縣成爲直屬於國君的地方組織,加强了中央集權。"爲田開阡陌封疆,而賦税平"(《商君列傳》),正式確認自耕農的土地所有制,以此增加地税收入。商鞅在秦變法先後十九年,"行之十年,秦民大説,道不拾遺,山無盜賊,家給人足。民勇於公戰,怯於私鬥,鄉邑大治"(《商君列傳》),但對舊貴族而言,卻是"商君相秦十年,宗室貴戚多怨望者"。公元前 338 年,秦孝公死,惠公即位,公子虔等人告發商鞅"欲反",最終被殺死於彤(陝西華縣),並處以車裂刑罰。商鞅雖被殺,但新法已推行多年,"秦婦人嬰兒皆言商君之法",所以商鞅雖死,新法未敗。

銘文中謂"大良造庶長鞅之造",表明是以中央掌權者商鞅爲監造,鑄造權屬中央。

5. 畢湍侯之鑄:《首陽吉金》認爲畢湍侯是封君。劉釗認爲畢是鑄造地之名,即《左傳》僖公二十四年"畢、原、酆、郇,文之昭也"之畢,地在長安縣西北;湍侯爲鑄造者之名。他比較了"十六年大良造庶長鞅之造,雕黽"、"十九年大良造庶長之造殳,䣄(鄝)鄭"、"十□年大良造庶長之造殳,雕嬌□"三件秦國殳鐓,指出"畢湍矦(侯)"是畢地的湍侯。"湍矦"既可以理解爲姓"湍"名"矦"的人,也可以理解爲省去姓氏字,名"湍矦"的人。

## 【説明】

鈹,《説文》"大鍼也……一曰劍而刀裝者",段注"劍兩刃,刀一刃,而裝不同。實劍而用刀削裹之,是曰鈹"。鈹見諸文獻記載,《左傳》襄公十七年"宋華閲卒。華臣弱皋比之室,使賊殺其宰華吳,賊六人以鈹殺諸盧門合左師之後";昭公二十七年,吳王僚伐楚歸來後,公子光發難,"光伏甲於堀室而享王。王使甲坐於道及其門。門、階、户、席,皆王親也,夾之以鈹……鱄設諸置劍於魚中以進,抽劍刺王,鈹交於胸,遂弑王";哀公十一年"王賜之甲、劍、鈹"。

由於史書對鈹形制的記載較爲模糊,很長時間以來學者稱此類出土兵器爲匕或短劍。其間日本學者林巳奈夫曾據傳世的燕王喜(燕王喜劍見於《集成》11606—11617)和相邦建信君(相邦見信君劍見於《集成》

11619、11677、11678、11706,共 5 件)"劍"拓片,首先名之曰"鈹"。學界廣泛認可鈹的形制,始於上個世紀 70 年代末至 80 年代初。考古發掘中,秦始皇兵馬俑坑出土了完整的銅鈹。目前所見年代最早的銅鈹出土於湖北隨州黃土坡周代墓中,發掘簡報認爲墓葬的年代爲兩周之際。1983 年湖北江陵馬山磚瓦廠出土的一件青銅兵器,器身有"吳王夫差自乍用鈹"的銘文(《集成》11534),有學者將"鈹"隸定爲"鉈",解釋爲鈹。

【附録】

一、商鞅器列表

| 器　名 | 銘文拓片 | 銘文釋文 | 備　注 |
|---|---|---|---|
| 1. 十三年大良造鞅戟 | | 十三年,大良造鞅之造戟(戟)。 | 現藏上海博物館;《集成》11279 |
| 2. 十六年大良造庶長鞅鈹 | | 十六年,大良造庶長鞅之造,畢湍侯之鑄。 | 首陽齋收藏 |

173

首陽吉金疏證

續　表

| 器　名 | 銘文拓片 | 銘文釋文 | 備　注 |
|---|---|---|---|
| 3. 十六年大良造庶長鞅戈鐓 | | 十六年，大良造庶長鞅之造，雕🐎（革）。 | 現藏中國國家博物館；《集成》11911 |
| 4. 十七年大良造庶長鞅殳鐓 | | 十七年，大良造庶長鞅之造殳，雕，爽。 | 范炳南先生收藏；《銘文暨圖像集成》18549 |
| 5. 商鞅方升 | | 十八年，齊遣卿大夫衆來聘，冬十二月乙酉，大良造鞅爰積十六尊(寸)五分尊(寸)壹爲升。臨，重泉。廿六年皇帝盡並兼天下諸侯，黔首大安，立號爲皇帝。乃詔丞相狀綰灋度量□不壹，歉疑者明壹之。 | 1966 年徵集；現藏上海博物館；《集成》10372 |

174

| 器　名 | 銘文拓片 | 銘文釋文 | 備　注 |
|---|---|---|---|
| 6. 十九年大良造庶長鞅殳鈹 | | 十九年,大良造庶長鞅之造殳,犛(犛)鄭。 | 1995 年陝西咸陽市渭城區渭陽街道塔兒坡秦墓出土,現藏咸陽市文物考古研究所① |
| 7. 庶長鞅殳鈹 | | □□□□造庶長鞅之造殳,雖(雍)驕□。 | 現藏中國國家博物館;《咸陽石油鋼管鋼繩廠秦墓清理簡報》② |

## 【參考文獻】

1. 劉釗:《首陽齋藏商鞅鈹小考》,《中國古代青銅器國際研討會論文集》,上海博物館、香港中文大學文物館 2010 年版。

2. 王學理:《長鈹春秋》,《考古與文物》1985 年第 2 期。

3. 葉文憲:《説鈹、鉈、樂》,《文博》1993 年第 3 期。

4. 孫燕:《銅鈹若干問題探討》,《江漢考古》2011 年第 2 期。

---

① 咸陽市文物考古研究所:《咸陽石油鋼管鋼繩廠秦墓清理簡報》,《考古與文物》1996 年第 5 期。

② 同上。

# 28. 兩詔橢升

《首陽吉金》第 69 器(第 186 頁),秦(公元前 221 年—前 206 年)

圖一　秦始皇二十六年詔書、秦二世元年詔書橢升

圖二　秦始皇二十六年詔書銘文

圖三　秦二世元年詔書銘文

## 【釋文】

秦始皇二十六年詔書：

廿六年皇帝
盡併兼天下
諸侯黔首大
安立號爲皇
帝乃詔丞相
狀綰法度量
則不壹歉疑
者皆明壹之

秦二世元年詔書（另一側刻）：

元年皇帝詔
丞相斯□狀 綰
法度量盡始
皇帝爲之皆
有刻 辭焉 今
襲號而刻辭
不稱始皇帝

其于久遠殹
如後嗣爲之
者不稱成功
盛德刻此
詔詔刻左使毋疑

## 【集釋】

1. 廿六年皇帝盡併兼天下：廿六年，即公元前 221 年，《史記·秦始皇本紀》"二十六年……秦初并天下"；皇帝，《秦始皇本紀》記載丞相王綰、御史大夫馮劫、廷尉李斯等稱頌秦王嬴政"陛下興義兵，誅殘賊，平定天下，海内爲郡縣，法令由一統，自上古以來未嘗有，五帝所不及。臣等謹與博士議曰：'古有天皇，有地皇，有泰皇，泰皇最貴。'臣等昧死上尊號，王爲'泰皇'。"嬴政則説"去'泰'，著'皇'，采上古'帝'位號，號曰'皇帝'"。併，李零認爲應作"並"。

按，關於"併"字的隸定，《首陽吉金》中所收拓片，字跡較爲模糊。《説文》中，併、并、並三字字形分别作 𠈌、𢆅、𡘋。上海博物館所藏的兩詔橢升銘文中字形爲 𡘋，中國國家博物館所藏的兩詔橢升中字形爲 𢆅，旅順博物館所藏始皇詔銅橢量中字形爲 𠈌。與《説文》中的字形相對照，其更近於"并"，而非"並"。根據王力《古漢語字典》，併、并、並，三字同義不同音。併，卑政切；并，卑盈切。二字古韻在耕部。並，蒲迥切，古韻在陽部，《説文》作竝。《説文》"併，並也"，"竝，併也"。二字互訓。《説文》"并，相從也"。朱駿聲曰："按，合一爲并，對峙爲併。""兼并"作"并"，"併肩"作"併"。副詞一般寫作"並"，如"並包"、"並出"。但這些區别並不嚴格。

2. 黔首大安：《禮記·祭義》"因物之精，制爲之極，明命鬼神，以爲黔首則，百衆以畏，萬民以服"，鄭玄注"黔首，謂民也"，孔穎達疏"黔首，黑也。黑首謂民也，秦謂民爲黔首"。天下之民大定，此爲秦統治者自誇用辭。

3. 立號爲皇帝:《史記·秦始皇本紀》記載丞相王綰、御史大夫馮劫、廷尉李斯等稱頌秦王嬴政"陛下興義兵,誅殘賊,平定天下,海内爲郡縣,法令由一統,自上古以來未嘗有,五帝所不及。臣等謹與博士議曰:'古有天皇,有地皇,有泰皇,泰皇最貴。'臣等昧死上尊號,王爲'泰皇'"。嬴政則説"去'泰',著'皇',采上古'帝'位號,號曰'皇帝'"。

4. 乃詔丞相狀綰:詔,令,秦改令爲詔,段玉裁注《説文》"詔"字"秦造詔字,惟天子獨稱之"。狀,隗狀,《史記·秦始皇本紀》作隗林,秦始皇時期的丞相。《秦始皇本紀》記載"維秦王兼有天下,立名爲皇帝,乃撫東土,至于琅邪……丞相隗林、丞相王綰、卿李斯、卿王戊……從,與議於海上"。綰,指丞相王綰。

5. 法度量則不壹歉疑者皆明壹之:法,李零指出當隸定爲"灋"。關於此字之意,史樹青等認爲是指法律,即秦帝國所有的法律;孫常敍根據《管子·七法篇》"尺寸也,繩墨也,規矩也,衡石也,斗斛也,角量也,謂之法",認爲此處的"法"與其後的"度量"是並列關係,指衡石之權;張文質引述楊伯峻《論語譯注》注解"謹權量,審法度"句"權就是量輕重的衡量,量就是容量,度就是長度,'法度'不是法律制度之意",認爲"法"字是度和量的定語,"法度量"就是法度和法量;劉翔等將該句斷爲"法度量,則不壹、歉疑者,皆明壹之",將"法"釋爲"法度",並認爲應進一步引申爲"統一"之義。王輝認爲"法"應作動詞理解,意爲效法。《荀子·不苟》"畏法流俗"楊倞注"法,效也",《吕氏春秋·情欲》"必法天地"高誘注"象也",因此所謂"法度量則",就是供天下效法、參照的度量衡的標準器。湯餘惠根據《漢書·律曆志上》"審法度"注"丈尺也",認爲"法度"一詞爲量長短的器具;陳平認爲"法"應爲動詞,其義是"取法",依法制作的意思;單育辰認爲指關於度量衡制度以及與此制度相關的商品存儲、買賣等方面的法律;陳偉認爲法應當訓爲"正",是端正、齊一的意思。睡虎地秦簡中有"縣及工室聽官爲正衡石贏〈纍〉（累）、斗用（桶）、升，毋過歲壺〈壹〉。有工者勿爲正，段（假）試即正”，就是“一”的具體表述。文獻中也有“正度量”（《史記·范雎蔡澤列傳》）的記載，也有“一法律、同度量”（《三輔黃圖》）之説，因此，“法”當訓爲“正”，是“一”的意思。

則，孫常敍、駢宇騫認爲詔書中的“則”當是“銅則”，北宋時出土有銅則，是標準權器，此句當斷爲“法度量則，不壹歉疑者”；張文質認爲“則”字如果是標準權器的名稱，詔版的讀法爲“法度量則”，那麼與此相對應的二世元年詔書也應作“法度量則”，不應當只作“法度量”而漏掉“則”字。因此認爲應讀爲“法度量，則不壹、歉疑者”，“則”爲虛詞，但不是承接之辭，表示假定；劉翔將“則”解釋爲“那麼”；陳平認爲“則”是指三十步的距離，阜陽雙古堆漢墓竹簡《作務員程》有“卅步爲則”。

歉疑，學界一般認爲即嫌疑，音近通借。孫延釗認爲“不壹”爲歧異之義，“嫌疑”意與其近似。《東觀刻石》云“作立大義，昭設備器，咸有章旗，職臣遵分，各知所行，事無歉疑，惟皆明壹之，故事無嫌疑”，嫌疑即當分歧解。單育辰認爲此類詔文絕大多數寫爲“歉”字，“歉”應當是本字，其義爲缺少、不足，“疑”指可疑。詔書當讀爲“廿六年，皇帝盡併兼天下諸侯，黔首大安，立號爲‘皇帝’，乃詔丞相狀、綰：‘法、度、量、則，不壹、歉、疑者，皆明壹之。’”

6. 秦二世：即胡亥，秦始皇子，在位時間公元前 209 年—前 207 年。

7. 元年：秦二世元年，公元前 209 年。

8. 丞相斯□狀綰：李零據其他二世詔，認爲此句應作“丞相斯去疾”。“斯”下一字爲鏽所掩，“狀”字，其實是“疾”字。斯，李斯；去疾，馮去疾。《史記·秦始皇本紀》記載，三十七年，“始皇出游，左丞相斯從，右丞相去疾守”，秦二世時，“二世皇帝元年……春，二世東行郡縣，李斯從。到碣石，並海，南至會稽，而盡刻始皇所立刻石……丞相臣斯、臣去疾、御史大夫臣德昧死言：‘臣請具刻詔書刻石，因明白矣。臣昧死請。’制曰：'可。'……二年冬……右丞相去疾、左丞相斯、將軍馮劫進諫曰……",《集解》引徐廣曰“(去疾)姓馮”。可見,秦二世元年至二年冬,擔任丞相的一爲李斯、一爲馮去疾。

9. 法度量盡始皇帝爲之,皆有刻 辭焉 ,今襲號而刻辭不稱始皇帝,其于久遠殹,如後嗣爲之者,不稱成功盛德:李零指出此句“法”應作“灋”。句中的“殹”字,其他銘文中作“也”,而唯獨這裏作“殹”,是秦系文字的特色。此段文字也見於《顏氏家訓·書證》。據《秦始皇本紀》記載,秦二世即位後,曾仿效秦始皇巡視群縣之舉,“盡刻始皇所立刻石……以章先帝成功盛德焉”。並專門下詔“金石刻盡始皇帝所爲也。今襲號而金石刻辭不稱始皇帝,其於久遠也,如後嗣爲之者,不稱成功盛德”。並下詔將此詔書刻於石上,稱頌秦始皇的功德,使後人銘記始皇之功。此處與之類似,是強調統一度量衡始於秦始皇,並非是後嗣始創之舉,故而在刻辭中加以申述,即使時間流逝,人們仍將稱頌秦始皇帝的赫赫盛業。

10. 刻此詔詔刻左使毋疑:根據其他詔書,此句應作“刻此詔,故刻左,使毋疑”。秦二世關於度量衡的詔書是不單獨使用的,它總是刻在秦始皇廿六年詔書之後,以表示他繼承始皇帝遺業,以此來樹立自己的權威,所以才特地表示“刻此詔,故刻左,使毋疑”。由於古人書寫習慣是由右至左,此即是要求將此二世元年詔書刻寫於始皇廿六年詔書之後,以強調之前的關於秦始皇統一度量衡的開創之功,並欲將統一度量衡法令繼續推行下去。

## 【説明】

秦始皇二十六年詔書與秦二世元年詔書最早著録於《顏氏家訓·書證》篇中,具體内容爲:

> 開皇二年五月,長安民掘得秦時鐵稱權,旁有銅塗鑴銘二所。其

一所曰："廿六年，皇帝盡并兼天下諸侯，黔首大安，立號爲皇帝，乃詔丞相狀、綰，灋度量則不壹歉疑者，皆明壹之。"凡四十字。其一所曰："元年，制詔丞相斯、去疾，灋度量，盡始皇帝爲之，皆□刻辭焉。今襲號而刻辭不稱始皇帝，其於久遠也，如後嗣爲之者，不稱成功盛德，刻此詔□左，使毋疑。"凡五十八字。一字磨滅，見有五十七字，了了分明。其書兼爲古隸。

"始皇廿六年詔書"是秦始皇統一中國後所頒佈的一條詔書，歷代多有著錄，現今也常有實物出土。[①] 一般作如下斷句：廿六年，皇帝盡并兼天下諸侯，黔首大安，立號爲"皇帝"，乃詔丞相狀、綰："灋度量則不壹歉疑者，皆明壹之。"所見二世元年詔書中，首句多作"元年制詔丞相"，《首陽吉金》此器爲"元年皇帝詔"。

詔書銘文雖然字數不多，卻涉及了不少的史事，其中"并兼天下諸侯"、"立號爲皇帝"等記載可與《史記·秦始皇本紀》中的記載對讀。顏之推曾據此詔訂正了《史記·秦始皇本紀》記載中的一處文字訛誤："'二十八年，丞相隗林、丞相王綰等，議於海上。'諸本皆作山林之'林'。……其（按：指銘文）'丞相狀'字，乃爲狀貌之'狀'，爿旁作犬；則知俗作'隗林'，非也，當爲'隗狀'耳。"

## 【附錄】

### 一、秦容器一覽表

| 器　名 | 出土地 | 現　藏 | 容　量 | 備　注 |
|---|---|---|---|---|
| 始皇詔銅方升 | | 上海博物館 | 215.65 ml | 與商鞅方升形制相同，比商鞅銅方升容積大 6.3% |

---

① 《始皇廿六年詔書》的收錄情況可參看國家計量總局、中國歷史博物館、故宮博物院：《中國古代度量衡圖集》，文物出版社 1984 年版，第 44—45 頁、第 58—72 頁；王輝：《秦銅器銘文編年集釋》，三秦出版社 1990 年版，第 107—132 頁；圖版：第 98—157 頁、第 174—184 頁；丘光明：《中國歷代度量衡考》，科學出版社 1992 年版，第 188—205 頁等。

| 器　名 | 出土地 | 現　藏 | 容　量 | 備　　注 |
|---|---|---|---|---|
| 始皇詔銅方升 | | 中國國家博物館 | 210 ml | 器形較商鞅銅方升扁而略長，容積較商鞅大方升3.9%。 |
| 武城銅橢量 | | 中國國家博物館 | 485 ml | 始皇詔書與"武城"當是兩次所刻。四分之一斗量，折算一升合194毫升。 |
| 始皇詔銅橢量 | | 中國國家博物館 | 495 ml | 四分之一斗量，一升合198毫升。 |
| 始皇詔銅橢量 | | 天津市歷史博物館 | 490 ml | 四分之一斗量，一升合196毫升。 |
| 始皇詔銅橢量 | | 遼寧省旅順博物館 | 495 ml | 四分之一斗量，一升合198毫升。 |
| 始皇詔銅橢量 | | 遼寧省旅順博物館 | 490 ml | 四分之一斗量，一升合196毫升。 |
| 始皇詔銅橢量 | | 吉林大學考古系 | 500 ml | 四分之一斗量，一升合200毫升。 |
| 兩詔銅橢量 | | 上海博物館 | 650 ml | 三分之一斗量，一升合195毫升（一說：654 ml，一升合196.2毫升）。 |
| 兩詔銅橢量 | 江蘇省東海縣雙店鄉竹坡村 | 江蘇省東海縣圖書館 | 630 ml | 三分之一斗量，一升合189毫升。 |
| 兩詔銅橢量 | | 中國國家博物館 | 1 980 ml | 一斗量，一升合198毫升。 |
| 北私府銅橢量 | 陝西省禮泉縣藥王洞鄉南晏村 | 陝西省博物館 | 980 ml | 半斗量，一升合196毫升。外壁兩面均刻有始皇二十六年詔書各四行，底部刻二世元年詔書五行。柄上刻"右,北私府,半斗,一"，柄的左側面刻"私"字。 |

續　表

| 器　名 | 出土地 | 現　藏 | 容　量 | 備　注 |
|---|---|---|---|---|
| 兩詔銅橢量 | | 中國國家博物館 | 2 050 ml | 一斗量,一升合 205 毫升。 |
| 始皇詔陶量 | 山東省鄒縣 | 山東省博物館 | 1 000 ml | 外壁秦始皇二十六年詔書是用十枚方印打在陶坯上燒製而成,"皇帝"二字處空白。半斗量,一升合 200 毫升。 |
| 始皇詔陶量 | 山東省鄒縣 | 中國國家博物館 | 970 ml | 外壁印秦始皇二十六年詔書,凡"皇帝"二字處均爲空白。半斗量,一升合 194 毫升。 |
| 始皇詔陶量 | | 北京故宮博物院 | 990 ml | 外壁戳印始皇詔書,口沿有"驪"字。"皇帝"二字空白。半斗量,一升合 198 毫升。 |
| 始皇詔陶量 | 山東省鄒縣 | 山東省博物館 | 2 000 ml | 近口沿和底部均有"驪"字戳式印文各一方。一斗量,一升合 200 毫升。 |
| 始皇詔陶量 | 内蒙古自治區赤峰市蜘蛛山 | 中國社會科學院考古研究所 | 32 000 ml | 一斛六斗,一升合 200 毫升。 |

注:
1. 此表根據丘光明《中國歷代度量衡考》(科學出版社 1992 年版)整理。
2. 根據馬承源《商鞅方升與戰國量制》,商鞅方升容積爲 201 ml,又《睡虎地秦簡·效律》中規定升的允許誤差範圍爲 5%,則容量一升的範圍爲 190.5—211.5 ml。

## 【參考文獻】

1. 李零:《讀〈首陽吉金〉》,《中國古代青銅器國際研討會論文集》,上海博物館、香港中文大學文物館 2010 年版。

2. 王利器:《顏氏家訓集解(增補本)》,中華書局 2002 年版。

3. 史樹青、許青松:《秦始皇廿六年詔書及其大字詔版》,《文物》1973

年第 12 期。

　　4. 騈宇騫:《始皇廿六年詔書"則"字解》,《文史》第五輯,中華書局
1978 年版。

　　5. 張文質:《秦詔版訓讀異議》,《河北師範大學學報》1982 年第
3 期。

　　6. 孫常敘:《則、灋度量則、則誓三事試解》,《古文字研究》第七輯,中
華書局 1982 年版。

　　7. 劉翔、陳抗、陳初生、董琨:《商周古文字讀本》,語文出版社 1989
年版。

　　8. 王輝:《秦銅器銘文編年集釋》,三秦出版社 1990 年版。

　　9. 湯餘惠:《戰國銘文選》,吉林大學出版社 1993 年版。

　　10. 陳平:《關隴文化與嬴秦文明》,江蘇教育出版社 2005 年版。

　　11. 孫延剑:《孫延剑集》,上海社會科學院出版社 2006 年版。

　　12. 單育辰:《始皇廿六年詔書"灋度量則不壹歉疑者"補論》,http: //
www. gwz. fudan. edu. cn∕ SrcShow. asp?Src_ID＝1266,2010 年 9 月 17
日發佈。

　　13. 陳偉:《〈始皇廿六年詔書〉平議(首發)》,http: // www. bsm.
org. cn∕ show_article. php?id＝1314,2010 年 10 月 1 日發佈。

# 後　　記

　　《首陽吉金——胡盈瑩、范季融藏中國古代青銅器》（上海古籍出版社
2008 年版）匯集了美國紐約首陽齋主人胡盈瑩、范季融伉儷所藏青銅器
圖錄。圖錄一經刊布，便引起學術界廣泛關注，多種學術會議、研究論文
均以首陽藏品爲題，展開深入探討。爲方便學者、青銅愛好者查閱、了解
相關成果，我們搜集學者所論，輔以自身所思，編寫了這本《首陽吉金疏
證》，以進一步開掘首陽齋藏品的學術價值、文化意義。
　　胡盈瑩、范季融伉儷在收集、研究青銅器，以及向國家捐獻器物方面
所做出的卓越貢獻，讀者可參閱《首陽吉金——胡盈瑩、范季融藏中國古
代青銅器》一書中張光裕先生《我與季融先生的金石緣》、林業強先生《後
記》二篇文字，此處不贅言。現只就首陽齋所藏青銅器的學術價值略作
介紹：
　　首陽齋收藏有晉伯卣、晉侯鱓盨、晉侯穌鼎三件晉器，據學者研究，所
藏晉器出於山西曲沃晉侯墓地。首陽齋又收有秦公鼎、秦公簋，應出於甘
肅禮县大堡子秦墓。衆所周知，晉、秦爲春秋霸主，在中國古代歷史發展
過程中，在華夏傳統文化發展進程中，均發揮有重要作用。晉侯器、秦公
器的面世無疑爲研究華夏早期歷史提供了彌足珍貴的材料；首陽齋藏品
中有雁侯鼎，出自河南平頂山應國墓地，其銘文可與上海博物館藏雁侯視
工鼎銘文對照，有益於了解西周時期的王權、周與南淮夷的關係；所藏伯
戈父簋銘文記有“王出自成周，南征伐服子，廣桐潏”，參之以翏生盨、鄂侯
馭方鼎、獣鐘等銘文，裨益於深入研究周王朝南土之經略；所藏智鼎銘文
中有“加曆”一語，此語不見於其他銘文，誠如張光裕先生所說“爲解決金
文中聚訟已久的‘蔑’一辭提供了重要的證據”（《我與季融先生的金石
緣》）；首陽齋所收柞鐘、逨鐘很可能分別與 1960 年陝西扶風齊家村、1985
年陝西眉縣楊家村窖藏出土編鐘有關，銘文所記可補相關器銘之未備。
此外，所藏南姬爵爲西周早期器，“南”見於西周早期大盂鼎等，近年來湖
北葉家山 M111 墓所出西周銅器中有“南公”之稱，湖北隨州文峰塔所出

春秋曾侯與鐘亦有"南公"之語,合諸種相關銅器銘文,對於了解周代南之族姓等極富意義。

本書的編寫始於 2010 年秋。得益於范季融先生、張光裕先生之襄助,北京師範大學歷史學院"商周文明研究中心"正式成立。中心冀望於通過學術交流、培養學生,促進商周文明研究的發展。藉中心之成立,我們決定以首陽齋所藏有銘青銅器爲研究對象,彙編學者鑽研成果、推進自身青銅器的學習和研究。書稿不僅以展示學者們對關鍵問題的討論爲務,也致力於一般銘文字句的梳理,以便於愛好者查閱。幾年來,博士生同學高瑞瑞、曹娜、郭倩、郭晨暉搜集了大量文獻資料、研究論著,細緻梳理,用心甄別。本書最終付梓,與她們的辛勤努力是分不開的。本書雖然盡力搜求各種文獻,但仍不免掛一漏萬,甚至出現錯誤,敬請廣大學者與讀者批評指正。

書稿付梓之際,得知胡盈瑩、范季融先生 2009 年捐贈國家的 9 件青銅器(晉侯器晉伯卣、晉侯穌鼎、晉侯䰋盨各 1 件,秦器秦公鼎 3 件、秦公簋 2 件、垂鱗紋鎣 1 件),已正式入藏上海博物館。二位先生的義舉,令人感佩。

本書的出版,得到了北京師範大學歷史學院的支持。另外,上海古籍出版社編輯毛承慈女士也付出了辛苦勞動。她是北京師範大學文學院李國英先生的高足,對於本書的寫作、校訂,貢獻良多,特致感謝。

編者
2015 年夏於北師大主樓 A605